돈 걱정 없이
책 방 으 로
먹고사는 법

쏠딴 지음

돈 걱정 없이
책 방 으 로
먹고사는 법

쏠딴스북

지은이 >> 쑬딴

파주 헤이리에서 덩치가 아주 큰 개 한 마리와 덩치가 아주 작은 마누라를 모시고 책방을 한다. 책방을 하면서 왜 돈은 벌 수 없는지 고민하다가 월 천만 원 버는 책방을 계획하고 실행하고 있다. 파주 헤이리마을 8번 게이트 대로변에 노란색 책방이 있는데, 그곳에 가면 만날 수 있다. 해보고 싶은 걸 다 하고 살 수는 없지만 인생은 한 번뿐이니 적어도 하기 싫은 건 하지 않고 살자는 주의이며, 아직까지는 성공적이라 자부하고 있다. 책방에 사람들이 놀러 오는 걸 무척 좋아하는데 술 마시러 자주 책방을 비우며, 1년에 한 권씩 책을 내자는 약속은 지키고 있다.

동네방네 책방 하나쯤 있는 대한민국을 꿈꾸며

● 들어가며 ●

오늘도 책방을 하고 싶으나 아직 회사 책상머리에서 머리를 부여잡고 계신 분들과 이미 회사는 때려치웠으나 책방을 하고 싶은 마음만 간직하면서 동네 도서관을 산책하시는 분들, 그리고 이미 큰 꿈을 안고 책방을 하고 있지만 과연 이 길이 맞는 건지 아직 확신이 서지 않는 분들을 위해 이 글을 쓴다.

 이 책에는 책방을 운영해서 번듯한 집을 사거나 하다못해 책방을 운영해서 경차 한 대 정도는 바꿀 수 있지 않을까 하는 내용은 없다. 그런 생각이었다면 책을 내려놓으셔야 한다. 이 책은 책방을 운영하면서 적어도 망할 걱정을 하거나 최소한의 생계 걱정은 하지 않았으면 하는 바람에서 시작했다. 내가 해본 책방 경험을 공유하고자 적은 것이다. 그래도 책방이라면 할 만하지 않을까, 책방 정도라면 운영할 만하겠다는 각오가 생기길 바라고 적은 것이다. 태어나서 한 번쯤은 좋아하는 일을 하면서, 자유를 만끽하면서도 돈 걱정 없는 삶을 살아볼 수 있지 않을까? 정말 그렇게 살아보고 싶으신 분들을 위해 썼다.

떠오르는 생각을 메모할 수 있도록 본문에 여백을 두었다. 그리고 정말 당부한다. 최대한 더럽게 보셨으면 좋겠다. 포스트잇을 마구 붙이고 여기저기 낙서도 하면서, 이 책으로 자신만의 책방 계획을 세워보면 어떨까 싶다.

이 책을 읽고 대한민국 어디 구석에서 책방을 시작했다면, 꿈꾸던 자기만의 공간을 얻었다면 연락을 주시기 바란다. 큰 화분까지는 아니어도 꼭 한 번은 방문하겠다고 약속한다. 오지 말라고 하면 할 수 없지만.

그런 분들에게 이 책이 아주 작은 보탬이라도 되기를 바란다. 시도해보고 잘 안 되거나 어렵다면 찾아오시라. 다시 한번 머리 맞대고 고민해볼 수 있기를 바란다. 물론 우리 책방에 술은 있으니 함께 낮술을 하면서 방법을 찾아볼 수 있을 테니 차는 두고 오면 좋겠다. 고민들 중 대부분은 처음부터 하지 않아도 될 것이었을 확률이 높고, 나머지 고민은 술을 마시면서 잊어버리면 깔끔하다.

 건투를 빈다.

● 차례 ●

들어가며

왜 하필 책방인가요 _____ 015
꼰대 생각은 버려야죠 _____ 029
모든 일은 청소부터 _____ 039
책방 매출의 치트키 _____ 047
장사의 흥망은 월세 때문이 아니다 _____ 055
나에게 맞는 영업시간은 _____ 063
목표부터 뚜렷하게 세워라 _____ 073
남의 닭으로 내 달걀을 낳게 하자 _____ 081
새로운 공간은 인생을 바꿔줄 수 있다 _____ 089
출간은 무조건 해야 한다 _____ 097
솔직히 운은 따라야 한다 _____ 107
오라면 어디든 갑니다 _____ 115
목표는 반드시 숫자로 _____ 125
한 가지에 집착할 필요는 없다 _____ 131
처음과 끝은 모두 사람이다 _____ 137
SNS는 장식이 아니다 _____ 147
정말 간절합니까 _____ 157
고마워요, 지민 그리고 아미들 _____ 163
도서전 참가하기 _____ 173
지게차 배우는 주인이 책을 팔고 있습니다 _____ 185

나가며

▼▼
왜 하필
책방인가요

이 세상에는 수십만 가지 직업이 있는데 그 많은 직업 중에 하필 책방 주인이라니? 더구나 생업이라니? 책방에 낭만이 있는 건 맞다. 책향기를 맡으며 책방을 오픈해서 미리 골라둔 책을 읽는 것, 동네 이웃과 옹기종기 모여 책이야기를 하고 평소 좋아했던 음악을 라이브로 듣고 싶어서 콘서트를 여는 것, 만들기 수업, 글쓰기 수업, 전시회 등등 해오고 싶었던 것들을 마음껏 할 수도 있는, 정말 꿈에 그리던 일 아닌가.

하지만 멀리서 보면 낭만이지만 가까이에서 보면 절망일 때도 많다. 왜? 어려우니까. 물론 쉬운 삶은 없다는 건 인정하자. 그래도 어차피 어려운 인생, '그래도 책방을 할 거야.' 라고 한다면 시작은 순조로운 편이다.

우선 자신의 위치부터 정확하게 짚고 넘어가자. 지금 직장에 다니는 중이면서 너무나 책방을 하고 싶다면, 회사가 싫어서 그 대안으로 책방을 하고 싶은 것인지 확인해야 한다.

솔직해져도 괜찮다. 책방이 하고 싶은 것이 아니라 회사에 다니기 싫은 이들이 의외로 많다. 이들이 퇴사하고 책방을 하면 위험하다. 도시락 싸서 들고 다니면서 말려야 한다. 회사가 싫어서 퇴사하는 사람은 책방을 해도 안 되는 경우가 다분하다.

회사에는 진상 손님이 없다. 진상 동료나 부장은 있을 수는 있겠지만, 그 수는 제한적이고 기다리면 그들은 회사를 떠난다. 그러나 책방을 하면 예상하지 않을 때, 전혀 상상도 하지 못할 때, 그리고 수시로 진상 손님이 책방에 나타날 수 있다. 진상 동료나 부장도 견디지 못하고 나왔는데 심지어 진상 손님이라니. 진상 손님을 견딜 수는 없다. 압박 강도로 쳐서 진상 부장이 3 정도 된다면 진상 손님은 7 정도 된다.

그래도 퇴사하고 책방을 하고 싶다면 이렇게 하기를 바란다.

먼저, 퇴사일을 정하라.

기쁘지 않은가, 퇴사라니! 기쁜 마음으로 달력에 표시하라. 내 생에 가장 기쁜 날, 잘 있어라 ××들아 등등 적어두면 좋다. 볼 때마다 흐뭇해질 것이다. 그날이 다가오기 전에 책방을 차리는 데에 필요한 것들이 무엇인지 체크리스트를 만들어라.

어디에서 할까? 그곳은 내가 잘 아는 곳인가? 몇 평이나 할까? 보증금은 어느 수준으로 잡을까? 월세는? 바람이 잘 드는 곳이 좋을까, 볕이 잘 드는 곳이 좋을까? 사람이 많이 다니는 곳이 좋을까? 조심하라. 사람이 많이 다니는 곳은 월세가 세다. 산속으로 들어갈까? 산속도 나쁘지는 않지만 차가 다닐 수 있어야 한다. 〈나는 자연인이다〉에 나오고 싶다면 상관없지만. 독서지도사 과정을 공부해볼까? 북큐레이터 공부를 해볼까? 책방에서 음료도 팔까? 과일청을 배워볼까? 제과제빵을 배워볼까? 커피도 할까? 그러면 바리스타 공부를 해볼까? 커피 머신이 있어야 하는데, 자동 머신, 아니면 수동? 신제품으로 할까, 중고는 어떨까? 머신은 어디서 알아봐야 하나?

  장난 아니다. 체크리스트만 A4 10장은 족히 될 것이다. 그래도 생각만으로도 신난다면 좋다.

  절대로 잘 안다는 사람에게 도움을 청하거나 의뢰하지 마라.
  대부분 이런 식이다. 네이버에 '커피 머신'이라고 두드린다. 아니면 친구들 단톡방에 '주변에 커피 머신 잘 아는 사람 없어?' 여기서부터 망한다. 검색해서 나오는 사람들 중에 나한테 사랑과 애정으로 가득차서 마진도 없이 오직 봉사와 열정만으로 커피 머신을 구해다 줄 수 있는 사람이 있을까? 친구나 아는 사람 중에 그가 하늘에서 내려온 천사 같아서 인건비나 조립, 운반비 등을 받지도 않고 나의 행복한 책방 생활을 위해 나서줄까?

단언하건대 한 명도 없다. 내게만 그런 사람이 숨어 있다가 나타나리라 생각하는데 그런 사람은 이 세상에 단 한 명도 없다. 만약 있다면 그들은 그것으로 생계를 유지하는 사람이고, 커피 머신을 팔고 집에 돌아가면서 아내한테 전화할 것이다.

"오늘 어떤 호구를 하나 만나서 머신을 아주 비싸게 팔았어. 애들 데리고 나와. 오늘은 소고기다."

호구가 된다는 것 자체로도 기분이 좋지 않은데 거기에 돈까지 더 들어가면 기분은 엉망진창이다. 그렇다고 너무 슬퍼하지는 말자. 카페를 시작하는 사람들 대부분이 이런 경험을 한다. 나도 당해봐서 아니까 하는 말이니 그러지 말기를 바란다. 시작부터 이러면 아프다.

내가 파주 헤이리에 들어왔을 때, 기존에 카페를 하다가 사정이 생겨 2년 정도 쉬던 곳을 입차했다. 실내 60평, 마당 40평으로, 주방에는 기존 카페 집기와 전자제품이 모두 세팅되어 있었다. 부동산 중개업소 대표는 커피 머신이 천만 원이 넘는 거라며, 쓰시다가 되팔아도 높은 가격을 받을 수 있다고 옆에서 거들었다. 다만 사용하지 않은 지 2년이 지나 확인해야 했다.

이전 주인에게 물어보니, 한 업체에서 모든 주방기기를 세팅했다면서 그 업체에 전화해보라고 했다. 그래서 그 업체에 문의하자 다짜고짜 100만 원이 넘는 액수를 견적서로 보내왔다. 내가 가전을 알 리 없고, 빨리 운영해서 장사를 시작하고 싶은 마음에 덜컥 계약하자고 했다.

결론은? 엄청나게 눈퉁이 맞았다. 냉장고 두 대는 아예 돌아가지 않았고, 제빙기는 내 돈으로 교체했고, 온수기까지 바꿔야 했다. 불만을 터뜨리자 기계가 오래되어 그렇단다. 그럼 A/S볼 때 체크하고, 교체해야 할 제품이 있으면 그렇다고 말해줘야 하는 것 아닌가. 물론 확인조차 하지 않은 내 잘못이 컸다.

이런 일은 비일비재하다. 큰 업체는 회사 직원들이 직접 살피지만 그들은 월급 받고 일하는 사람이라 제대로 봐주지 않는다. 거기다가 능력과 기술도 부족한 경우가 허다하다. 그러니 절대로 제대로 알아보지 않은 채 모르는 사람에게 일을 맡기지 마라.

누군가에게 일임하더라도 어느 정도는 본인이 만지고 수리할 줄 아는 수준이어야 한다. 고장 날 때마다 사람을 부르면 배보다 배꼽이 더 커지고 밥보다 고추장만 많아진다.

그다음에 할 일은 주변에 퇴사를 알리는 것이다.

이것을 어려워하는 이들이 많다. 그래도 알려야 한다. 그래야 일이 덜 온다. 일을 하면 책임져야 하고, 인수인계해야 하고, 생각하지 못한 것들이 줄줄이 따라 나온다. 맡지 않을 수는 없겠지만 적당한 선에서 끊어라. 나는 달력에 퇴사일을 아주 크게 표시하고, 임원에게 큰 소리로 말했다.

"6월 2일부로 퇴사하겠습니다."

이 말인즉 '저 곧 나갈 테니 우리 살살 갑시다. 일 좀 주지 마시고요.'와 다르지 않다.

월급을 챙기면서 퇴사 후 뭐 할지 정리하는 시간을 갖는 게 좋다. 월급은 월급대로 받고 내 인생도 설계하고, 이때가 가장 행복할 것이다.

하지만 절대로 조급해지지 마라.

이미 휴직 혹은 은퇴 아니면 퇴사해서, 이제 슬슬 책방을 하고 싶으신 이들도 있을 것이다. 이런 경우 조급해지기 때문에 조심해야 한다. 덜컥 월세 계약부터 하는 짓은 하지 말기 바란다. 계약서에 사인하는 순간 더는 빼도 박도 못한다. 이번 달에 하든 다음 달에 하든 크게 상관없다. 더 알아보고 또 알아보고 한 번 더 알아본 다음에 계약해도 늦지 않다.

말만 듣고 하는 임대차 계약은 세상에서 가장 멍청한 짓이다. 책방은 내 일이지 부동산 중개업소 대표가 하는 것이 아니다. 그들은 월세 계약하고 잔금 치를 때 받는 수수료에만 관심이 있을 뿐 누가 책방을 열더라도 전혀 상관하지 않는다. 직접 확인하고 직접 가보고 직접 경험하면서 하나씩 정리해야 나중에 실패 확률을 줄일 수 있다. 절대로 급하게 하지 마시라.

내가 왜 책방을 하고 싶은지 자신에게 물었을 때, 1초도 쉬지 않고 답할 수 있어야 한다. 남에게 대답할 필요는 없다. 가끔 누가 물어보긴 하겠지만, 그때 적당히 그럴듯하게 대답하더라도 본인에게만은 확신이 있어야만 한다. 자기 확신이 없으면 책방이 어려울 때 무너지기 쉽다.

'미쳤지. 왜 책방을 하겠다고 했을까…….'

그때는 이미 늦다. 월세 계약은 2년이고, 다시 가게 빼고 새로운 세입자가 들어올 때까지 지옥의 시간을 견디며 늦은 후회만 할 수밖에.

그 지역에서 나름 이름 있는 책방 리스트를 뽑아 찾아가라.

파주 헤이리마을의 '쑬딴스 북카페' 이런 식으로 찾아보고 한 군데씩 직접 가보자. 이때 대중교통을 추천해 드린다. 자차로 가면 가는 동안 운전하느라 생각이 정리되지 않는다. 조금 번거롭더라도 대중교통으로 가면 가는 도중에 잠깐 잠을 청할 수도 있고 의외로 생각이 잘 정리된다. 생각난 것들을 핸드폰에 메모해두면 더 좋다. 대박 아이디어는 대부분 그 핸드폰에 오타를 내가면서 적어둔 메모에서 시작한다. 특히 버스를 강추한다. 버스 차창 밖으로 보이는 풍경을 멍하니 보다가 문득 생각난 그것, 그것이 바로 핵심이다.

책방에 가서, 쭈뼛거리지 말고 주인한테 솔직하게 고백하라.

중학생이 이성 친구한테 사귀자고 하는 것처럼 당당하게.

"저 책방을 하고 싶어서 왔는데, 잠시 이야기 좀 나눌 수 있을까요?"

거의 바쁘지 않겠지만 우연히 바쁜 일이 생겨 정신없는 경우를 제외하고 대부분 반색하며 이야기를 들어주고 의견을 나눌 것이다. 질문할 것들을 적어 가서 최대한 많이 물어보고 많은 대답을 들어라. 단, 그들은 정답이 아니라 각자의 상황에 맞춰 대답하는 것일 뿐이다. 심지어 그들도 어떻게 먹고살지 막막해서 고민인 경우가 대부분이다. 어디를 가봐야 할지 모른다면 나를 찾아오시라. 몇 군데 마음씨 좋은 책방 주인을 알려드릴 테니.

마지막으로, 책방이 책을 파는 곳은 맞지만 월세가 오른다고 책값을 더 받을 수는 없다. 책 이외에도 뭔가 부가적인 수익을 가져다줄 것이 있어야 한다. 책방이라는 공간까지도.

내 경우에는 술이 있다. 전국 각지의 막걸리도 있고, 벨기에에서 들여온 수도원 맥주도 팔아보았다. 내가 술을 좋아해서다. 지인이 오면 자연스럽게 꺼내 마시기도 하고, 손님이 왔다가 "어!

막걸리가 있네!" 하면서 사 가는 경우도 있다.

 본인이 좋아하고 즐기는, 사랑하는 그 무엇을 함께 하는 것이 좋다. 책만으로는 사람을 끌어들이기 약하다. 플러스알파 되는 것을 정해서, 그것과 책을 어떻게 조화시킬지 고민해야 한다. 베이커리에 관심이 많고 좋아한다면 '책빵집'도 괜찮고 '빵책방'도 나쁘지 않아 보인다. 책보다 빵 손님이 더 많을 수는 있겠지만 상관하지 말자. 지금 우리는 책방으로 먹고사는 법에 대해 이야기하는 중이다.

 목공 일에 관심이 있고 작업도 배워보고 싶다면 '목공책방'이나 '책으로 나무로'도 괜찮지 않은가. 소문을 듣고 책과 목공에 관심 있는 사람들이 몰려와 아지트로 삼을지도 모른다. 이렇게 적고 보니 이것도 의외로 괜찮네! 이 글을 쓰는 내가 할지도 모르니 서둘러 해보시길!

 미싱, 디자인 편집, 그림 그리기, 도자기 굽기 등 무궁무진하고, 다 책으로 연결된다. 관련된 책들만 갖다 놓아도 손님들은 구미가 당길 것이다. 반드시 플러스알파를 생각하라.

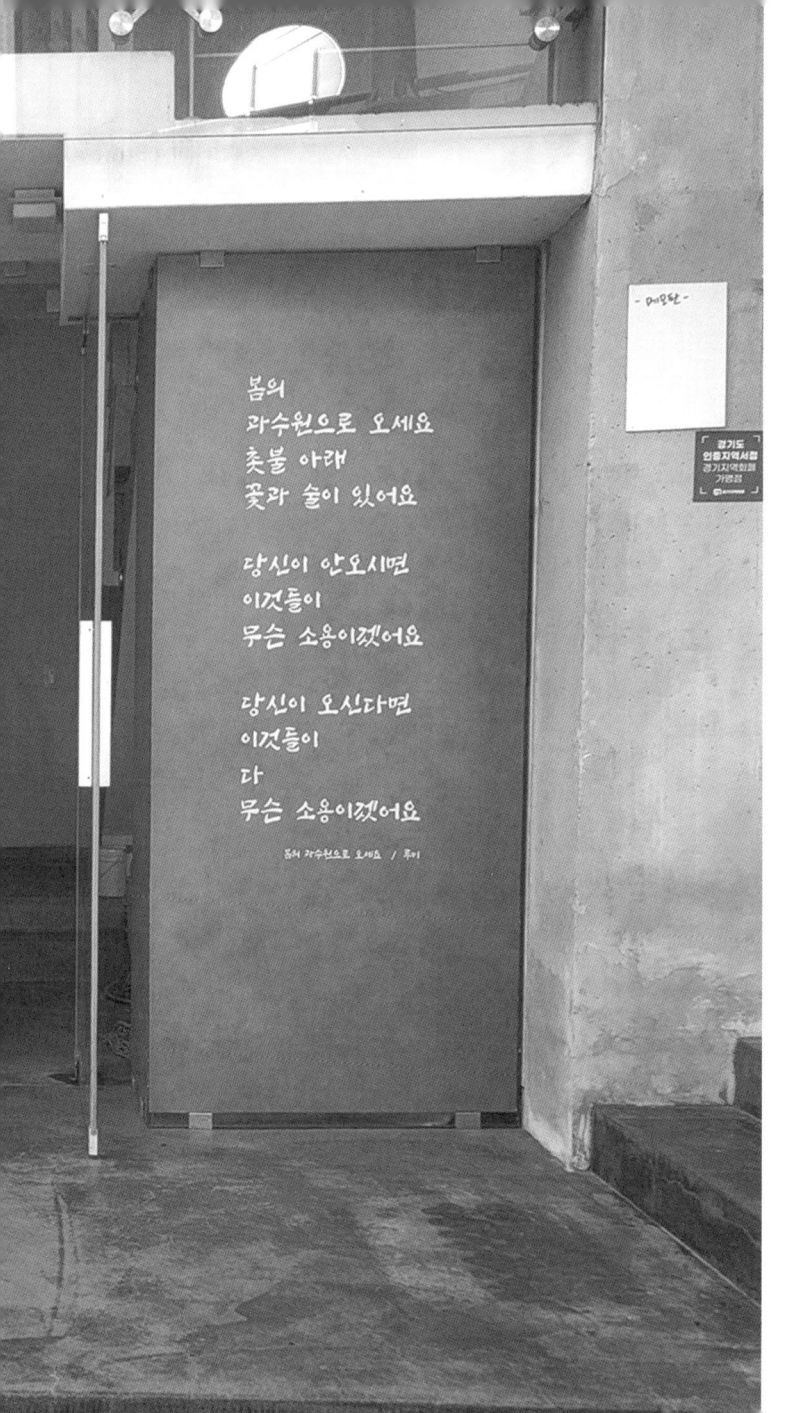

▼▼
꼰대 생각은
버려야죠

세상 모든 일이 그렇듯 대부분 우연으로 시작된다. 나도 그랬다. 왜 그날따라 그 책을 손에 집었는지 알 수 없고 지금도 모른다. 운명이었다고 해야 들어맞는다.

책방에 새로 입고된 책을 정리하고 있었다. 그러다가 문득 책 한 권에 눈이 갔다. 30대 청년의 성공 스토리를 다루었는데, 엄청나게 팔리는 중이라고 한다. 독자는 거짓말하지 않는다. 책이 팔리지 않는다면 책이 재미없거나 독자에게 의미가 없거나 흥미를 유발하지 않거나 감동은 물론이거니와 교훈도 없는 경우다.

이 글을 쓰는 지금, 나는 48살이다. 먹을 만큼 먹었고, 더 먹을 예정이다. 대기업을 16년 동안 다녔고, 과장으로 졸업하고, 매니저라는 관리자 역할까지 하다가 나왔다. 이 정도 경력이면 남의 말을 듣지 않는다. 내가 아는 것이 세상 전부이고, 내가 가진 경력과 정보가 세상에 하나밖에 없는 진실이라고 믿는다. 나이가 든다는 건 그렇게 무섭다.

이런 사기꾼 같으니라고 하면서 책을 집어 들어 펼쳤다. 그런데 책에 이런 내용이 있었다. 잘 기억나지는 않지만 대충 이랬다. '지금까지 가지고 있던 모든 것을 버려라.' 이 책은 이 한마디에서 시작해서 끝났다고 해도 과언이 아니다.

재미있는 예가 있다. 신세계에서 운영하는 E로 시작하는 대형 마트가 있다. 여러분이 당장 떠올리는 그곳이다. 10여 년 전인가, 현재 지하철 평택지제역 근처에 갈 일이 있었다. 당시에는 그 부근에 아무것도 없었다. 논과 밭 그리고 2차선 도로를 제외하곤 아무것도 없었다. 그런데 놀라운 광경을 보았다. 허허벌판 중간에 떡하니 그 '마트'가 있는 것이다. 이런 데에서 마트가 장사가 되나? 그것도 대형 마트가?

같이 간 형이 궁금증을 풀어주었다.

"요즘은 다들 차로 다니니 손님은 있을걸."

이상하다고만 생각하다가 이내 잊어버렸는데 몇 년이 지나 그 부근을 지나다가 아차 했다. 그 마트 앞으로 지하철이 들어오더니 고덕지구라는 신도시가 들어온 것이다. 충격이었다. 그것을 보고 정신이 번쩍했다.

'혹시 마트 관계자는 지하철이 들어올 걸 알고 있었던 거 아니야?'

그렇게 또 잊고 살았다.

몇 년이 지난 후, 친구네 집에 술 마시러 김포 신도시에 간 적이 있었다. 마산동이라는 곳이었는데, 그때도 신도시라곤 하지만 LH에서 지은 몇 아파트를 제외하곤 곳곳이 허허벌판이었다. 그런데 또 놀라운 광경을 보았다. 마산동 옆 구래동에 그 마트가 있었다. 주변은 역시나 아무것도 없었다. 평택지제역 때의 기억이 되살아났다.

'뭔가 이상한데 혹시?'

2019년에 회사를 그만두고 책방을 열고 김포 한강 신도시 구래동으로 이사를 했다. 그런데 그 마트 바로 앞에 '구래역'이 생겼다. 이럴 수가!

진짜 이야기는 지금부터다. 나는 그 이후부터 지하철역이 없는 그 마트 옆에 땅만 사둬도 떼부자가 되겠다고 누구를 만나도 큰소리치고 다녔다. 내가 아는 단 두 가지 예를 가지고 확신에 찬 것이다. 그리고 그것은 나나 누구에게나 진실이었고, 누구에게나 그런 마트가 있다면 당장 그 옆에 땅을 사라고 말하고 다녔다. 아쉽게도 나도 마찬가지이지만 내게 이야기를 들은 누구도 땅을 사지는 않았다. 그것은 의지만으로 되는 일은 아니기 때문이다.

  그러다가 한 가지 진실에 뒤통수를 맞았다. 인천의 한 곳은 마트가 세워진 지 10년이 지났는데도 아직 지하철 계획은커녕 그 근처에서 한참 떨어진 곳에 지하철이 생겼다는 걸 알게 된 것이다. 이건 귀뚜라미를 보고 책상을 쳤더니 귀뚜라미가 뛰어오르자, '귀뚜라미는 책상을 치면 뛰어오른다.'라고 평생 생각하고 사는 것과 똑같다. 내가 그랬다. 우물 안의 개구리보다 더 어처구니없는 논리와 발상이었다. 진실은 파악하려고도 하지 않았다. 그런 사실만 보았고, 그건 내 인생에 하나뿐인 진실이었다. 지금까지 가지고 있던 모든 것을 버리지 못했다.

  그 책 한 문구를 보고 앞으로는 그러지 말아야겠다고 다짐했다. 지은이가 젊든 늙든 그건 아무런 문제가 되지 않다는 걸 배 아프지만 인정해야 했다. 그리고 그동안 내가 가졌던 생각과 가치관까지 모든 것을 내려놓기로 했다.

그러자 놀라운 일이 벌어졌다. 책 안의 모든 내용이 다르게 읽히기 시작한 것이다. 비관과 부정적인 내용으로 읽혔을 법한 내용이 모두 그럴 수 있겠다, 내가 해볼 수도 있겠다, 나도 해봐야겠다, 내가 못 할 것도 없지, 그렇게 바뀌었다. 그 책에서 한 번 읽어봤으면 좋겠다고 소개한 책들을 들여다보기 시작했다.

두 번째 책은 한참 전에 유행한 책인데 어설프게 읽은 기억이 나는 듯했지만 개의치 않았다. 처음부터 읽기 시작했다. 여전히 내 모든 마음을 열고, 머리를 비우고 그대로 따라 하겠다는 마음으로 읽었다. 그러자 책이 조금씩 머릿속에 들어오기 시작했다. 내용은 하나하나 기억나지는 않지만, 아주 미묘하게 마음이 움직이는 게 느껴졌다.

내처 또 읽으려던 '이자카야의 장사' 이야기를 다룬 책까지 마저 읽었다. 그리고 그 안에서 나의 비전을 보았다. 그것은 놀라운 경험이었다. 심지어 이 책은 이자카야 술집 운영에 관한 내용으로 내 일과는 전혀 달랐다. 그런데도 읽는 내내 이자카야가 책방으로 읽혔다. 하긴 이자카야든 책방이든 장사하는 일이니 뭐가 다른가.

그날, 블로그에 이렇게 적었다.

'월 천만 원 책방 만들기'

▼▼
모든 일은
청소부터

책에서 시키는 대로 해보기로 했다.

먼저 시작한 것은 책방 청소였다. 마음 가는 대로 놓인 책들, 먼지가 쌓인 책들, 오전과 오후로 들이치는 햇볕에 노출된 책들, 주인장 바로 옆에 배치된 테이블과 의자까지.

내가 손님이라면 오고 싶은지 자문해보았다. 오지 않겠구나, 어쩔 수 없이 길을 잘못 들어 온 게 아니라면 두 번 다시 오지 않겠다 싶었다. 그래서 다 들어냈다. 기존의 테이블과 의자까지 모두 위치를 바꾸었다. 손님들 사이의 테이블은 간격을 널찍하게 하는 데 하루가 꼬박 걸렸다. 참고로 우리 책방은 엄청나게 큰 규모가 아니다. 손님용 테이블 4개, 책장과 주방으로 구성된 작은 책방이다.

햇볕이 들이치는 곳의 책들을 모두 옮겼다. 먼지를 털고 손님 좌석에 중고책을 두었다. 편하게 읽고 다시 꽂아두게 해서 책에 손이 가도록 하고, 마음이 동해 새 책까지 손이 간다면 더 다행이다. 그리고 화장실을 청소했다. 내 마음을 비워내듯 힘껏 바닥도 쓸고 닦았다.

장마와 무더위가 절정인 2022년 8월 어느 날, 그렇게 온종일 땀을 뻘뻘 흘리며 배치를 바꾸고, 잠시 담배를 한 대 피워 물고 돌아와 다시 손님 입장에서 책방을 돌아보았다. 이제 조금 앉을 만했다. 손님이 들어왔을 때 주인도 잘 보이지 않으니 그나마 낫다. 내 경험상 손님들, 특히 젊은 손님은 주인 가까이에는 절대로 앉지 않는다. 더구나 나처럼 반백에 머리가 큰 아저씨는 언제나 특히 그렇다. 멀리서 나를 보고 책방을 피해간 손님도 있으리라. 손님이 들어왔을 때, 어떻게 하면 그 손님이 행복할까를 생각했다.

그렇게 책방 배치를 바꾸고, 다음날 비가 추적추적 내렸다. 그날 엄마와 딸. 그리고 엄마 친구 혹은 이모로 추정되는 세 명이 왔다.

"여기 터키 음식점 아니었나요?"

책방 전에 유명한 터키 음식점이어서 대부분 이렇게 묻는다. 그날도 당연히 식당을 찾는 손님인 줄 알았다. 그런데 아니었다. 책방을 보고 오신 것이다.

당시 음료 메뉴는 커피를 포함해 다섯 가지가 채 되지 않았다. 할 줄 아는 게 없어서다. 매실차, 에이드, 홍차를 주문하셨다. 책에서 배운 대로 이분들에게 어떻게 감동을 줄지 생각해보았지만 딱히 떠오르는 게 없었다. 음료가 맛있는 것으로는 감동할 리 없고, 고급 인테리어가 아니니 분위기로 감동받을 리 없다. 그래서 얌전히 음료를 내어주고, 최대한 멀리 떨어져 내 자리에 앉아 책을 읽었다.

근처에 사시느냐 물었더니 교하 부근이란다. 파주는 땅이 넓어 근처가 아니고서는 일부러 들리려면 차로 움직여야 한다. 이 동네는 대중교통이라는 개념이 없다. 그래서 마음속으로 이 빗속을 뚫고 책방을 오셔서 감사하다고 전했다.

손님이 주로 앉는 자리 옆으로 중고책을 배치했더니 이 책 저 책을 꺼내 뒤적거린다. 의도가 먹히는 순간이었다. 자연스럽게 책으로 관심을 유도해 중고책을 팔 수 있고, 새 책이 있느냐고 물어보면 더 좋겠다. 그러나 결과는 의외였다.

책방에 있는 스피커가 라디오냐고 물어보신 것이다. 스피커라고 말해드렸다. 가격 대비 성능이 괜찮다고 박스까지 들고 가서

보여드렸더니 당장 사야겠다며 사진을 찍는다. 그때 깨달았다. 이러면 책방에서 스피커도 팔 수 있겠구나. 각자가 원하는 게 다른 법이니 말이다. 스피커 회사는 오늘 내 덕으로 스피커 한 대를 더 팔았겠다. 누군가에게 보탬이 되었다. 그것으로 다행이다.

음료만 드시는 줄 알았는데, 나가시기 전에 새책을 둘러본다. 딸이 그림책에 관심이 많은 모양이다.

"엄마는 책 안 사?"

"나중에."

"천천히 사셔도 됩니다."

대신 또 오세요.

책 3권, 음료 3잔. 비 오는 와중에 5만 원이라 귀한 돈이다. 감사하다고 메모지와 엽서를 챙겨 드렸다. 감동까지는 아니어도 기분이 나쁘지는 않으셔야지.

장마인데 책방에 우산꽂이가 없다. 우산꽂이를 하나 두는 게 좋을까? 어떤 우산꽂이를 두면 오시는 분들을 웃게 만들까? 잠깐 고민해보았다. 머리를 쓴다는 건 이런 거구나 싶다. 그동안 머리를 쓴 적이 없다는 걸 깨달았다. 머리는 이런 걸 생각하고 해결책을 찾는 데 써야 하는 건데 이런 세세한 부분까지 내 머리는 쓰임새가 없었다.

월 천만 원 하자고 다짐하면서부터 매일 5만 원이 넘고 있다. 신기하다. 곧 일 10만 원을 만들 수 있을 듯하다. 최선을 다하고 정성과 진정성을 담으면 가능하겠지. 무엇보다 꾸준하게 문을 열어야겠다, 일정하고 일관되게. 늦은 시간까지 영업을 해볼까 고민했다.

밤늦은 시간에 헤이리에 불 켜진 책방이 있다는 건 혹여 누군가에게는 작은 기쁨이고 어두운 헤이리 구석을 비추는 불빛이 되지 않을까 싶었다.

책방 배치를 바꾸고, 오신 손님에게 내 마음가짐만 바꾸었을 뿐이다. 그런데 놀랍게도 그날 하루 매출은 6만3천 원이었다. 마음을 바꿀 때 매출이 올랐다. 내 마음을 비워내듯 힘껏 바닥도 쓸고 닦은 보람이 있는 날이다.

▼▼
책방 매출의
치트키

반바지에 슬리퍼. 50대 이상 추정. 내가 좋아하는 연령대. 술에 취하지 않은 상태일 때 대화가 잘 통하고, 비슷한 관심사와 공유할 내용이 많다. 무엇보다 책을 냈다는 데 감동하는 사람이 많다.

"커피 한 잔 되나요?"

"그럼요."

책방을 휘휘 둘러보시다가 묻는다.

"이 책들을 쓰신 거예요?"

부끄럽다는 웃음을 던지면 십중팔구 이런 반응이 나온다.

"이야!"

파주 대동리에서 주스 공장을 하신다고 한다. 공장이라니! 내가 제조업 출신이라 그런지 사업으로는 제조업이 괜찮다. 잘 팔리든 못 팔리든 그건 다음 문제이고 우선 제품이 내 것이니까.

공장 한쪽에 20평 공간이 남아 책을 좀 둘까 싶다고 해서 너무 좋겠다고 했다.

"좋은데요. 아주! 만화책도 좀 가져다 두세요. 보시는 분들이 아주 좋아하실 것 같습니다."

"아, 그러네요!"

《대기업 때려치우고 동네 북카페 차렸습니다》와 《개와 술》을 번쩍 골라서 계산해달라고 하신다. 역시 제조업 대표님이라 남다르시네.

장사하다 보면 그런 분이 가끔 있다. 저 사람만의 것은 사줘야 한다고 생각하는 분들, 추천 메뉴나 시그니처는 일부러 맛을 보는 분들, 굳이 현찰로 계산하는 분들. 이런 분들은 많지 않지만 진정한 고수라 할 만하다.

다음에 오실 때는 내 책을 읽고 왔을 수도 있겠고, 그러면 할 이야기가 좀 더 있겠다. 주스 공장 사장님이시니 주스만 가져와도 할 이야기는 또 많겠다. 이렇게 자주 오실 수 있게 여지를 만들어 두면 좋을 듯하다. 공장도 잘 되고 책방 매출도 팍팍 나왔으면 좋겠다. 다 같이 잘사는 세상이기를 진정 바란다. 또 오세요. 다음번에는 더 맛있는 커피로 모시겠습니다.

책에 사인해 드린다고 할 걸 그랬나? 해달라는 말을 못 하는 것도 50대 중년 남성분들의 특징이기는 한데……

이 손님이 다녀간 뒤 계좌로 이체한 이름을 보고 이름을 외웠다. 전○○ 선생님이시다. 이름을 외운 김에 '손님 노트'를 만들어 오시는 손님들의 목록을 작성했다. 특별할 것도 없다. 손님의 성함을 알게 되면 이름을 적고, 특징과 스타일 등을 메모해둔다. 이왕이면 어떤 책을 사 갔는지도.

아내는 자주오는 단골 손님의 커피 취향이나 음료 취향도 기억하고 있다. 게다가 어떤 책을 사갔는지도 기억하고 있어서 놀라웠다.

"그 책 지난번에 사가셨는데?" 하자 "너무 좋아서 친구들 선물로 몇 권 더 구입하려고요." 하신다.

손님 노트에는 이제 손님 목록이 꽤 들어찼다. 더 이상 오지 못하는 분들도 계시고, 새롭게 오는 분들도 많다. 그러나 중요한 건 이 목록으로 계속해서 발전 가능성을 찾을 수 있다는 거다.

40대 중반에서 50대로 넘어가면 모두 외롭다. 익숙한 가족, 희미한 미래, 잘 만날 수 없는 친구들, 같이 놀아주지 않는 배우자. 집에 있는 강아지만 나를 반기는 그런 시대다. 그렇지 않은 분들이 많다면 천만다행이겠지만.

그런 분들은 진심을 담은 안부만 건네도 무척 좋아하신다. 사소하지만 내가 관심 받고 있다는 느낌이 들도록 해줘야 한다. 손님의 사소한 특징 정도는 적어 두고, 다음에 오실 때 어떠셨느냐, 잘 되시냐, 물으면 아주 좋아한다. 외로움은 그렇게 해소되고, 책방에는 단골이 생긴다.

책방 앞 베란다에 재떨이가 있다. 내가 담배를 피워서이기도 하지만, 생각보다 아직도 담배를 피우는 분들이 많다. 그분들이 편하게 담배를 피우고 싶을 때, 앞이 뻥 뚫린 곳에서 한 대 피우면서 편안하게 앉아 있을 수 있는 곳은 요즘 흔하지 않다. 더구나 옆에 재떨이가 있으면 꽁초를 아무 곳이나 버리지 않아 청결에도 좋다.

이렇게까지 해야 하나 싶을 정도까지 해야 한다. 그것이 손님을 잘 모시는 일이다. 음료 한 잔에도 최선을 다해야 한다. 잘 못 만들었으면 버리고 새로 해줘야 한다. 두 번 다시 오지 않더라도 그렇게 해야 한다. 사람은 돌고 돈다. 언제 어디서 다시 만날지 모르고, 그분이 어느 날 갑자기 다시 찾아올지는 아무도 모른다.

한번은 이런 일이 있었다. 젊은 남자 두 명이 책방에 왔다. 딱 보니 책을 보러 온 것 같지는 않고, 근처에 볼일이 있어서 왔다가 화장실도 급하고 시간도 좀 여유가 있어서 온 듯했다. 그런데 시간이 지나 둘이 책방 앞에서 난감한 듯 서성거렸다. 물어보니 헤이리 근처가 초행길이고, 여기서 4킬로미터 정도 떨어진 곳으로 가야 하는데 대중교통이 없단다.

"여긴 택시도 잘 안 잡힙니다."

즉시 내 차로 바래다주었다. 어차피 걸어갈 수도 없고, 그곳에서 친구를 만나기로 했다니 달리 생각나는 방법이 없었다.

그 젊은 친구들은 뒷좌석에서 이렇게 말했다.

"와! 아직도 이런 가게가 있네. 복귀해서 자랑해야겠다."(휴가 나온 군인이었다.)

이것이 접객이다. 누구나 할 수 있을 것 같지만 아무나 쉽게 할 수는 없는 일이다. 반드시 접객해야 한다. 손님은 어디서나 손님이고, 책방 손님도 손님이다.

▼▼
장사의 흥망은
월세 때문이 아니다

지금의 책방으로 옮긴 건 순전히 싼 월세 때문이었다. 저렴한 월세만큼이나 인적이 드물기도 했다. 기존 책방의 3분의 1 수준이다. 옮길 때 내 계획은 나가는 돈이라도 줄이자는 거였다. 그러면 그나마 생활은 되지 않을까 싶었다.

보통 터를 잡을 때, 목, 즉 좋은 입지가 중요하다고 한다. 맞는 말이다. 사람이 다녀야 노출도 되고, 그만큼 유입 가능성도 커진다. 하지만 그만큼 월세가 비싸다. 정확하게 수요와 공급의 원칙이다. 급매가 나오거나 천사 같은 집주인을 만나 시세보다 저렴하게 얻는 경우도 있지만 그것은 살다 보니 철봉 아래 모래밭에서 동전을 줍는 몇 안 되는 경우로, 그런 일이 자주 있지도 않고 기대하지도 말아야 한다.

그런데 월세가 싸서 인적이 드물다고 해서 매출까지 낮을 거라고 예상할 필요는 없다. 책방뿐만 아니라 장사를 할 때 고려해야 할 것은 수만 가지이지만 그 정점에 목(location)이 있지는 않다.

요즘은 입소문이 나면 산꼭대기에 있어도 사람들이 알아서 찾아온다. 인적이 드물어 장사가 안 된다는 말은 문만 열어두고 아무엇도 하지 않는다는 말과 다르지 않으며, 기본도 안 되어 있다는 뜻이기도 하다. 물론 이건 나 자신에게 하는 말이다. 내가 그랬으니까.

지인들이 와서 자주 물었다.

"너무 인적이 드문 거 아니야?"

그럴 때마다 나는 누군가 오겠지, 생각했다. 언젠가는 오겠지. 단골도 생기겠지. 그러면서 정작 나는 책방을 방문하는 손님에 대해 아무 생각이 없었다. 그런 탓에 일 매출이 0일 때도 있었고, 그러다 1만 원이나 2만 원이라도 벌면 엄청 뿌듯해하곤 했다.

물론 잘되는 집도 가끔 매출이 그만할 때가 있고, 기대보다 적은 금액을 찍을 수도 있다. 중요한 건 평균의 매출이다. 손님들이 왕왕 들러주는 그런 곳인지 아닌지가 문제다.

우리나라 식당들 중에 월세가 가장 높은 곳이 우리나라에서 가장 많은 매출을 낼까? 절대로 그렇지 않을 것이다. 오히려 프랜차이즈보다는 노포가, 중심 상가보다는 한적한 카페가 매출이 훨씬 높을 가능성이 크다.

책방을 열어야겠다고 생각한다면 월세가 비싼 곳은 일단 무시하는 게 좋다. 가진 돈이 넉넉해 이왕이면 사람들이 자주 드나드는 곳도 나쁘지는 않겠지만, 돈이 풍족하지도 않는데 자신감만 믿고 과도한 월세를 짊어질 꿈 같은 건 꾸지 않는 게 좋다. 그런 곳은 절대로 계약하지 말기를 바란다.

큰돈으로 큰돈을 벌자는 게 아니다. 없는 돈으로 그것도 책방을 운영하는 데 전혀 문제없고 더구나 생활까지 풍족하게 하고 싶다는 데 의미가 있다. 서울 한복판에서도 책방으로 먹고사는 데 전혀 문제없는 이들이 의외로 많다. 나는 그들을 대상으로 이 글을 쓰는 것이 아니다. 당장 죽지는 않겠지만 예상되는 통장의 잔고는 뻔하고, 얼마 후에 어느 정도의 돈이 남아 있는지 대략 예상하고 있지만 책을 좋아하고 책방을 열고 싶은 사람들을 위해 이 책을 쓰고 있다.

"그래도 유동인구가 좀 있는 곳을 알아봐야지."

책방을 해보겠다고 부동산 중개업소를 찾아다닐 때, 가족이나 지인이 이런 말을 할 것이다.

내가 점쟁이는 아니지만, 그렇게 말하는 사람 중에 장사를 해보았거나, 하고 있거나, 책방과 관련된 일을 해본 분은 거의 없을 것이다. 그러니 책방을 해보고 지금도 하는 사람 말을 믿어주면 좋겠다.

차라리 싼 월세를 얻고, 돈 벌어 이 건물을 사겠다는 마음으로 시작하자. 그날은 생각보다 빨리 올 수 있다.

▾▾
나에게 맞는
영업시간은

처음 책방을 시작하기 전에 몇 군데 동네 책방 하시는 분들을 찾아다닌 적이 있었다. 그중 하나는 서울에 있는 책방이었다. 2층의 어두컴컴한 곳에서 중고책과 굿즈, 단행본 등을 팔던 곳이었는데, 주인이 매년 책을 낸다고 해서 놀라기도 한 책방이다. 그러나 그곳을 찾아가려고 하니 찾기도 힘들고 막상 도착하니 2층이라 계단까지 올라가야 했다.

책방에 들어서기 전, 문 앞에 적힌 것을 보고 깜짝 놀랐다.

영업시간
수~금 오후 4시부터 자정 12시까지
토~화 휴무

이건 뭐지? 일주일 중 나흘을 쉬고 사흘을 열다니. 그것도 오후 4시부터 자정까지? 놀라서 자빠질 뻔했다. 더구나 주차도 되지 않는 곳이었다. 그런 책방 안에 손님이 여럿 있었다.

"쉬는 날에는 뭐하십니까?"

책방을 구경하고 책방 주인이 쓴 책을 사 들고 사인을 받으면서 물어보았다.

  그랬더니 대답이 놀라웠다.

"인근에 오토바이 라이딩 갑니다. 주로 강화도를 가고, 가고 싶은 곳이 있으면 어디든 갑니다."

  우와! 뭐야? 이렇게 해도 운영이 되는 거야? 정말 대단하다.

  이런 책방은 몇 안 되는 것 같지만 그렇지도 않다. 강화도에도 거의 100년 된 건물에서 운영 중인 책방이 있는데, 이 책방에 방문하면 주인보다 책방 손님을 만날 확률이 더 높다. 주인은 동네를 돌아다니거나 옆집에서 놀고 있거나 밭에서 일하는 경우가 많다. 손님은 책방에 왔다가 낮잠을 즐기거나 주인에게 묻지도 않고 책을 골라 읽고 계좌이체로 책값 계산을 하고 가기도 한다.

  감이 좋은 사람이라면 느끼겠지만, 장사는 표준을 지향하는 것이 아니다. 기준은 주인이 세우는 것이다. 첫 책방 주인은 늦게 자서 늦게 일어나니 오전에는 절대로 책방 문을 열 수 없다고 했다. 라이딩을 너무 좋아해서 그것을 포기할 수 없으니 일주일에 나흘 동안 좋아하는 걸 하고 산단다.

본인만의 색깔을 가지려면 명확하게 그 색깔을 보여주어야 한다. 그것이 자신만의 매력이 되고, 단점이 아니라 오히려 장점이 된다. 선수(professional)들은 자신만의 방법으로 자신만의 특징을 뽑아내는 사람이다. 평균을 따라 하면 평균 정도만 할 뿐 더 이상 발전할 수 없다. 특히나 월 천만 원씩 매출을 일으키는 책방이라면 더더욱 그렇다.

여기까지 읽었다면 이렇게 생각할 것이다.

'어떡하지? 난 취미도 없고 특징도 없는데…….'

나도 그러니 걱정하지 마시라. 특기는 고사하고 할 줄 아는 것이 별로 없다. 인터넷, 기계, 공구까지 만질 수 있는 것이 없고 다룰 줄 아는 것도 없다. 자타공인 똥손 중의 똥손이다. 중요한 건 당장 그런 특징을 가지라는 것이 아니다. 지금부터라도 그 특징을 찾는 것이 중요하다는 뜻이다. 그것을 찾는 일이 어렵고, 그래서 돈 벌기가 어려운 것이다. 그것을 하지 않으니까 돈을 벌지 못하는 것일 수도 있다.

이런 일은 누가 해줄 수도 없다. 사람마다 다 다르니 어떻게 해주겠는가. 그러니 남이 무엇으로 특징을 잡았다고 할 때 귀를 쫑긋 세울 필요 없다. 그것은 그들의 것이고, 나는 나만의 것을 찾으면 된다.

그래서 나는 기본 영업시간은 정하되 자유롭게 운영한다는 방침을 세웠다. 다만 가게를 너무 자주 비우면 오는 손님들이 발걸음을 돌리니 부부가 돌아가면서 문을 열도록 했다. 재미있는 건 손님들은 문이 닫혀 있을 때 와서 이 가게는 항상 닫혀 있다고 말한다. 그런 손님이 두 번째 왔는데 닫혀 있다면 그 집은 망한 것으로 여긴다.

영업시간을 지키되 일을 볼 게 있으면 영업시간 전인 오전에 후다닥 처리한다. 그리고 휴무일은 정해져 있지만 특별한 일이 없으면 문을 연다. 희한하게도 휴무일에 문을 열어두면 어떻게 알고 오는지 일부러 찾아오는 손님들이 있다.

쑬딴스 북카페가 위치한 곳은 지극히도 사람이 다니지 않는 곳이다. 하지만 맞은편에 거대한 촬영 스튜디오가 있다. 그렇다고 촬영 관계자들이 밖으로 다니는 건 아니지만, 가끔 녹화방송 방

청 스케줄이 있고, 도로에서 곧잘 드라마나 영화 촬영이 이루어진다. 이럴 때가 기회다. 대부분 야외 촬영할 때 가장 큰 문제는 화장실이다. 스태프들이 사용할 화장실이 가장 기본인데, 그때 주변에 화장실이 없다면 엄청난 기회가 된다.

가끔 아주 맹랑하게 화장실만 사용하게 해달라는 경우도 있는데, 이럴 때 사람 좋다고 그러라고 KFC 할아버지 마냥 인자한 미소로 화답하면 그만큼 늙는다. 대가 없이 사용한 화장실은 그야말로 폭탄 맞은 곳으로 바뀔 수도 있기 때문이다. 남의 화장지는 어찌나 많이 사용하는지 놀랄 지경이다. 그래서 화장실 사용은 반드시 업장 음료 구매 후, 아니면 책이라도 구매하고 나서 사용하도록 권유하는 것이 좋다. 마음 약해진 아내는 얼른 다녀오시라며 무조건 화장실 키를 건네지만.

더불어 야간 촬영일 때는 그날은 밤새 책방을 열어 둔다. 스태프들이 밤새 화장실을 찾아야 하고, 그들이 추워서 혹은 목이 말라 음료를 사 먹어야 하고, 음료를 기다리는 동안 자연스럽게 책을 구경할 수 있어 책 판매에도 보탬이 된다.

우리 책방 앞에는 이런 문구가 적혀 있다.

'야간 촬영팀 오픈 문의'

야간에 촬영이 있으면 문을 여는지 물어보라는 것으로, 촬영 스태프로서는 고마운 일이고 우리로서는 매출을 올릴 수 있어 아주 좋은 기회가 된다. 늦은 시간까지 문을 열어 두어야 한다는 고충은 어쩔 수 없다.

새벽잠이 없고 초저녁만 되어도 졸음이 몰려온다면 새벽에 책방 문을 여는 것도 추천한다. 아무도 오지 않을 것 같지만 그렇지 않다. 분명히 어딘가에는 비슷한 삶의 패턴을 가진 이들이 있고, 그들이 지나가면서 나와 비슷한 사람이 있다는 걸 알고 반색할 테고, 그렇게 단골이 될 것이다.

영업시간은 주인의 특색대로 주인의 색깔을 담아 운영하면 된다. 평균으로 여닫을 필요는 없다. 남의 인생 따라 하다가 내 인생을 돌보지 못할 수 있다. 어차피 정답을 찾는 시험을 치르는 것이 아니라 망망대해에서 자신만의 목표를 위해 천천히 노를 저어가는 것 아닌가.

어디 책방은 어떻게 한다더라, 친구가 그러는데 아침 10시에는 문을 열어야 한대 등등 이런 말은 들을 필요 없다. 그런 말을 하는 사람치고 직접 무엇인가를 나서서 하는 사람은 아무도 없다. 내가 하고 싶은 대로 해야 스트레스가 없고 정해둔 것을 바꿀 때도 공지만 하면 된다.

자신감을 갖고, 운영 시간은 내 스타일에 맞게.

▼▼
목표부터 뚜렷하게 세워라

이 책 제목은 《돈 걱정 없이 책방으로 먹고사는 법》이다. 책방으로 먹고살 걱정까지는 하지 않도록 하게 하는 게 목적이다.

"그럼 이익은 얼마나 나오나요?"

이렇게 물어볼 줄 알았다. 궁금한 건 알겠는데 그건 정확하지 않아서 말씀드리지 못한다. 비밀도 아니지만 파는 것에 따라서 다르고, 결정적으로 나는 매일 손익을 계산하지 않는다.

내 목표는 매출이다.

"그럼 아무거나 팔아서 천만 원 만들어도 되겠네요?"

맞다. 영리한 분이다. 아무거나 팔아서 천만 원 만든다. 책방은 책을 파는 곳이다. 그러나 책만 파는 곳은 아니다. 내 책방 사업자등록증에는 카페, 일반음식점으로 되어 있다. 쉽게 말해서 사업자를 내보았다면 알겠지만, 식음료를 하는 곳은 카페(휴게음식점)이고 술을 취급하면 일반음식점으로 구분한다.

그렇다. 책도 팔고 술도 팔 수 있는 곳이라는 뜻이다. 그리고 불법적인 것 빼고 다 팔 수 있다. 팔 수 있는 것은 다 파는 것이 장사다. 그리고 그 중심에 책이 있다. 심지어 아무도 관심은 가지지 않지만 고가의 아트 토이도 있고 100만 원을 호가하는 작

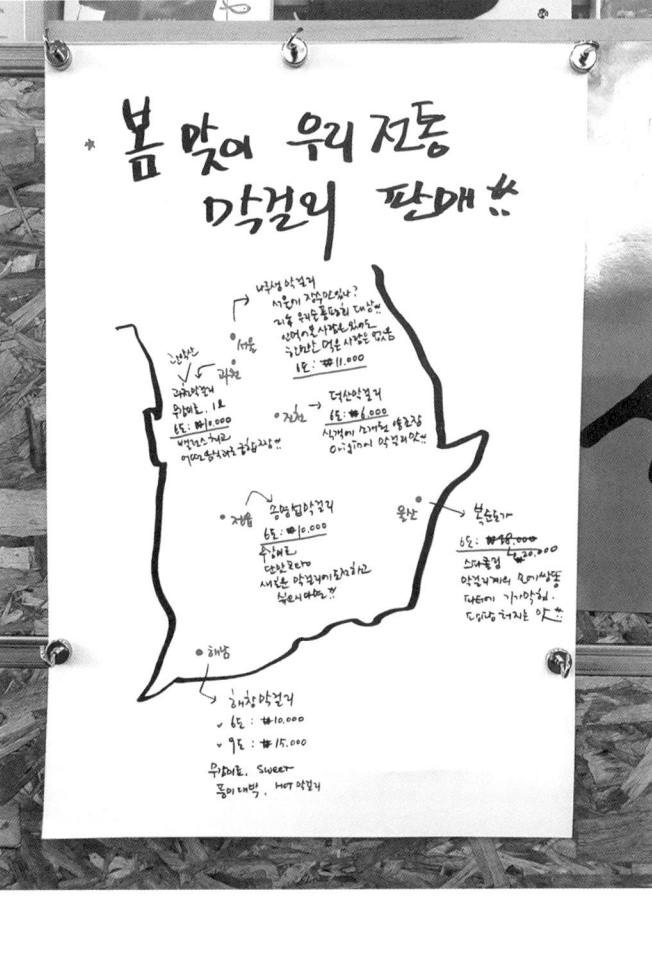

품도 있다. 놀랍게도 내가 만든 액자 작품도 50만 원이나 한다.

"저는 책으로만 월 천만 원 팔고 싶은데요."

좋다. 인정한다. 그러면 진정한 '책방의 신'이라고 할 만하다. 이 책 다음에 《책방의 신》을 출간하시길 바란다. 분명히 대박 날 것이다. 내 책보다 업그레이드된 책이라 할 수 있다.

여기서 한 가지 짚고 가자. 내가 제시한 '월 천만 원 책방'은 나의 목표다. 이 책을 읽고 있는 분들은 나와 다르다. 천만 원은 상징이다. 눈길을 끌기 위한 목표이고, 내가 정한 일종의 룰이다. 이왕이면 천만 원까지는 팔아야겠다는 나의 계획이자 전략이자 위대하고 원대한 목표다. 그러니 제발 이번 달은 980만 원 했네요, 이런 말은 하지 마시라. 무슨 의미가 있는가.

다시 목표로 돌아가자. 본인만의 목표를 세워야 한다. 나는 금전으로 매출을 잡았지만 목표는 수백만 가지가 될 수 있다. 예를 들어보자.

책방을 해서 5년 이내에 이 건물을 사야겠다.
10만 권의 책을 모아야겠다.
전 세계의 모든 사전을 모아야겠다.
하루에 100권씩 팔아야겠다.
내 책방에서 매달 문화 공연을 열어야겠다.

이런 목표가 재미없다면 이런 콘셉트도 괜찮다. 책방의 콘셉트를 명확하게 하는 것이다. 다음도 예일 뿐이지만, 실제로 내가 그렇게 만들어 보고 싶은 책방이기도 하다.

경기도에서 커피가 가장 맛있는 책방.
우리나라에서 가장 높은 곳에 있는 책방.
우리나라에서 책 보유가 가장 많은 책방.
민화와 함께 하는 책방.
양조장 책방.
골프 싱글들만 올 수 있는 책방.
……

여기서 또 하나 짚고 넘어가자. 이런 목표와 콘셉트를 잡았다면 이것을 이루기 위한 세부 전략을 세워야 한다. 아주 세세하고 꼼꼼하게. 정말 중요한 것은 이 부분이다. 목표는 목표일 뿐 실행은 본인의 몫이다. 이 글에 밑줄 치고 포스트잇을 붙이면 좋겠다. 해보니 이게 가장 중요해서 그렇다.

▼▼
남의 닭으로 내 달걀을
낳게 하자

내가 개인적으로 아주 좋아하는 말이 '남의 닭으로 내 달걀을 낳게 하자.' 다. 느닷없이 재테크 책도 아니고 닭과 달걀이라니.

예를 하나 들어보자. 우리나라는 대한민국 정부가 있다. 정부는 우리나라 국민을 위해 다양한 정책과 행사를 기획하고 실현한다. 그중에 책방을 위한 부서와 부처가 있고 관련 단체도 생각보다 엄청 많다. 이런 곳에서 책방을 위한 혹은 책방을 좋아하는 분들을 위한 정말 상상도 하지 못할 행사와 기획안이 넘친다. 대부분 행사를 기획하고 진행하는 대가로 지원금을 주거나 지원품을 준다.

닭은 내 것이 아니지만, 그 행사로 내 달걀은 낳게 할 수 있다. 내가 사는 곳은 파주다. 파주시청에도 책방과 관련된 부서가 있다. 그곳에서 매년 매월 다양한 행사가 쏟아져 나온다. 나는 그걸 부지런히 찾고 신청했다. 잘 모르겠다면 전화하고, 찾아가서 묻기도 했다. 얼굴 보고 이야기하면 생각보다 친절하고 최대한 도움을 주려고 애쓰는 것이 느껴진다.

내가 했던 것을 예로 들어보겠다. 한 단체에서 책을 출간하면 제작비를 지원해주는 프로그램을 진행했다. 나는 고민도 하지 않고 곧바로 신청했다. 그렇지 않아도 책을 출간하려고 고민하고 있던 터에 지원까지 해준다는데 마다할 이유가 없지 않은가. 다행히 조건부 승인이 되었다. 기획 의도가 100퍼센트 마음에는 들지 않았던 모양이지만 그래도 지원금 중 일부는 준다고 했다. 지원금으로 초판 1쇄 1천 부 비용인 인쇄비와 편집비를 들였다. 1천 부 출간하는 데 내 돈은 단 한 푼도 들지 않았다. 헤이리마을 사람들의 이야기를 책으로 내보겠다고 했고, 그 단체에서는 제작비를 지원해줄 테니 해보라고 했고, 그 돈으로 출간했다.

나는 이 책을 기획하고 신청해서 선정되었고, 작가들을 섭외하고 편집자를 구하고 인쇄소를 찾아서 책을 펴냈다. 이 책은 대형 서점에서 온라인과 오프라인으로 팔리고 독자들을 찾아다닌다. 그리고 이 책의 판매대금은 내가 갖는다. 내 출판사로 책을 내고, 그 판매대금은 고스란히 내 수익으로 남는다. 심지어 이 책은 2022년 12월에 2쇄를 찍었다. 이것이 내가 말하는 '남의 닭으로 내 달걀을 낳게 한다.'는 뜻이다.

이런 경우도 있을 수 있다. 인테리어 관련된 이야기인데, 보통 장사를 시작하면 처음부터 번듯하게 하고 싶어 한다. 나도 그랬다. 그러나 지나고 보면 의미 없다. 콘셉트는 계속 바뀌고, 마인드도 바뀌고, 기분도 바뀐다. 변하는 게 인지상정이다. 그러면 어떻게 하는 것이 좋을까?

책방을 하려면 책장이 필요할 것이다. 이때 인터넷을 뒤지지 말고 신도시 재활용 분리수거장을 뒤져라. 당근마켓도 뒤지면 좋다. 특히 새로 생긴 신도시 쪽이 좋다. 젊은 부부가 많은 곳은 특히나 좋다. 주로 이 동네에 가면 매우 쓸 만한 것들이 많이 나온다. 심지어 변심으로 나온 것도 있다. 들고 가서 바로 팔아도 될 것이 수두룩하다. 김포에서 처음 책방을 할 때 책장은 주로 이런 식으로 채웠다. 어땠느냐고? 엄청나게 뿌듯하고 멋졌다. 돈은 아끼고 옮기느라 힘도 쓰고 일거양득이었다.

중고 가구점을 다니는 것도 좋다. 여기는 가끔 보물들이 나온다. 누군가에게는 필요 없지만 내게는 꼭 필요한 것. 그것이 보물이 아니면 무엇이겠는가.

이런 것들이 비용도 아끼고 내 것을 챙기는 일이다. 다만 아파

트 찾아가서 쓸 만한 걸 발견했을 때는 경비원 분들에게 이야기를 잘 해야 한다. 나는 주로 그 아파트 입주민인 것처럼 대했다. 강아지와 산책하면서 경비원이 오면 인사하고, "이거 너무 쓸 만한데요. 제가 쓸 수 없을까요?" 이렇게 물어보면 대부분 끌개 혹은 손수레까지 빌려주신다. 어릴 때 자취방 이삿짐 옮기는 추억도 되살릴 수 있고 좋다.

가구 이야기가 나와서 말인데, 가구 주방가전은 새 제품은 미친 듯이 비싸고 중고는 미친 듯이 헐값이다. 그것도 복불복이지만, 꼭 열두 번 생각해보고 사는 것이 좋다.

다시 닭 이야기로 돌아가서, 닭 중에 가장 좋은 닭은 금닭, 즉 돈이다. 사업자를 내면 우리나라 정부는 사업자를 보호하거나 혹은 망하지 말라고, 혹은 잘 해보시라고 대출이라는 걸 해준다. 여기서 대출은 이율이 두 자리대의 엄청난 빚이 아니라 정부가 보증하는 1, 2퍼센트 대출을 말한다. 이런 대출은 무조건 받아야 한다. "금액은 얼마 정도 해드릴까요?" 물어보면 울면서 말하시라. 회사에서 잘려서 이 사업 아니면 갈 데가 없고 굶어 죽기 일

보직전이라고. 강아지 사룟값이 없어서 강아지가 울고 있다고 최대한 많이 해주시라고.

남의 닭은 어차피 남의 것이다. 나는 달걀만 취하면 된다. 가끔 닭까지 욕심내는 분들이 있는데 그러지 말자. 닭은 나중에 돈 벌어서 사면 된다. 지금까지 그러려고 여기까지 읽은 것 아닌가. 다시 한번 강조하지만, 남의 닭에서 내 달걀을 취하자. 그 달걀은 많을수록 좋다. 그러면 그 달걀에서 나중에 병아리가 나오고 그 병아리가 내 닭이 된다.

사업을 준비하는 분이나 지금 이미 영업 중이라면 당장 인근의 신용보증재단이 어디 있는지 찾아보고, 사업자등록증과 신분증을 가지고 찾아가시라. 필요한 것을 얻게 될 것이다.

▼▼
새로운 공간은
인생을 바꿔줄 수 있다

집이 얼마나 사람한테 필요한지 굳이 말할 필요는 없다. 여기에 한 가지 더 추가하고 싶다. 그것은 바로 집 이외에 나만의 공간이다. 내가 그곳에서 무엇을 하든 내 마음대로 할 수 있는 공간. 나는 나만의 책방이 있다. 책이 있고 주방이 있어서 음료도 마실 수 있고 커피도 마음껏 마실 수 있다. 갑자기 비가 오거나 하면 편의점에 가서 술을 사 올 수도 있다. 친구들을 불러 밤새 파티를 해도 누가 뭐라 하지 않는다.

책방이라는 작은 공간이지만 이 공간에서 공연을 할 수도 있다. 연극도 물론이다. 영화 감상은 안 되나요? 안 되긴요. 무조건 되지요. 북토크 이런 건 말할 필요도 없다. 심지어 나는 수어 교실도 열어보았다. 수어를 배우는 분들을 모셔서 수어 선생님과 저녁에 막걸리를 두고 농인들에 관한 이야기, 함께 공부하는 사람들의 이야기를 밤늦게까지 나누었다. 차로 굳이 일부러 멀리 와야 하는 공간임에도 그런 날에는 모두 다 환하게 웃으면서 서로 사는 이야기를 나누었다.

나중에 기회가 되면 수어 교실을 해도 되겠다. 물론 이미 파주 교하에 아주 유명한 책방은 그렇게 하고 있다. 동네 사람들이 전시회를 열 수도 있고, 아이들의 노래자랑을 할 수도 있다. 생각보다 할 일은 많다.

 공간은 무궁무진한 가능성을 가지고 있다. 그 공간에서 가능성을 찾는다는 것이 나만의 공간의 매력이자 가장 큰 장점이다. 한번은 헤이리 가수를 모시고 공연을 한 적도 있다. 기타와 함께 노래를 들으면서 서로 유쾌하게 떠들고 웃고 놀았다.
 우리는 특별한 날이나 특별한 사람들과 특별한 장소를 가고 싶어 한다. 그러려면 그 대가로 비용을 내야 한다. 그러나 내 공간이 있으면 그 공간에서 돈을 내지 않고도 활용할 수 있다. 거꾸로 누군가 이 공간을 사용하려면 돈을 받을 수도 있다.

 헤이리에 책방 혹은 카페를 하면 심심찮게 촬영팀의 문의를 받는다. 촬영할 수 있을까를 묻는데, 주로 대관 형식으로 진행하곤 한다. 그 공간이 독특하거나 콘셉트가 좋을수록 대관 기회는 늘어난다. 촬영 시간이나 조건에 따라 대관료는 천차만별이다. 중요한 것은 공간으로 가치를 인정받는다는 것에 있다.

심지어 숙박지가 아니더라도 누군가 책방에서 묵어보고 싶다고 하면 하지 못할 것도 없지 않은가. "책 속에 파묻혀 잠들어 보고 싶어요." 이런 멋진 분이 계실지는 모르지만 못할 것도 없다. 매트 하나와 베개 한 개, 그리고 잔뜩 쌓아 올려둔 책만 있으면 되는 것 아닌가.

그리고 가장 매력적인 공간의 힘은 밖에서 보는 그 장소의 매력이다. 헤이리 8번 게이트는 인적이 드문 곳이다. 대로변에는 차들이 쌩하고 달리는 곳이기도 하다. 최근에 큰 스튜디오가 들어오기는 했지만 걸어 다니는 사람은 별로 없고 가로등도 많지 않다. 그런 곳에 노란색 조명이 켜진 책방의 힘은 생각보다 강렬하다.

군대에 있을 때 일이다. 겨울 행군할 때, 민가의 집 굴뚝에서 나오는 연기를 보고 있으면 그 집으로 들어가고 싶은 적이 있었다. 그 작은 창에서 나오는 불빛과 그 굴뚝 위로 모락모락 오르는 연기에서 가족의 따뜻한 식사와 편안함을 느끼듯이 인적이 드문 길가에 불이 켜진 책방은 누군가에게 그런 따뜻함을 반드시 줄 수 있을 것이다.

나이가 들수록 집에서 머무는 것만으로는 무엇인가 부족할 수 있고, 조금 더 허름하더라도, 좁고 조금 더 불편하더라도 자신만의 공간은 생각보다 큰 힘이 된다. 그곳에서 미래도 그려볼 수 있고, 하다못해 나무젓가락을 혼자 깎아볼 수도 있으니 말이다.

책방이 아니어도 된다. 두세 평의 좁은 공간이라도 상관없다. 그곳이 내가 문을 열고 문을 닫고 다닐 수 있는 나만의 공간이라면 그곳은 나만의 성지가 될 수 있다. 그곳에서 제2의 인생이 시작될 것이다. 그것이 공간의 힘이다. 그런 공간을 가지는 것, 그것이 자영업의 시작이다.

▼▼
출간은 무조건 해야 한다

"책방으로만 돈 버는 것 아니었나요?"

책으로 돈 버는 이야기다. 내 책방에서 남의 책만 팔라는 법은 없다. 내 책도 팔면 된다. 책방에서 출간하면 된다는 이야기다.

2021년에 출판업을 등록했다. '쏠딴스북'이라는 어엿한 출판사다. 그렇게 《개와 술》을 출간했다. 많이 팔았느냐고? 그렇지는 못했다. 4쇄 찍고, 약 3천여 권 팔았다. 중요한 것은 《개와 술》이 얼마나 팔렸느냐가 아니라 그 이후로 출간을 계속하고 있다는 것이다.

첫 책 《대기업 때려치우고 동네 북카페 차렸습니다》는 출판사에서 알려주지는 않았지만 3쇄를 찍고, 약 1,800여 권 정도 팔았다가 서점에서 사라졌다. 그런데 《개와 술》이 출간되고 잠깐 판매가 활성화되었을 때, 첫 책 판매가 올라갔다. 콘텐츠는 그런 것이다. 이미 세상에 한 번 나온 이상 언젠가 다시 뜰 수 있다.

이 책 《돈 걱정 없이 책방으로 먹고사는 법》이 출간되면 《오늘 같은 날 헤이리》와 《개와 술》, 《대기업 때려치우고 동네 북카페 차렸습니다》 그리고 《종교 너머 도시》가 다시 조금 판매될 것이다. 책을 볼 때 사람들은 저자 프로필이나 책날개를 먼저 본다.

그리고 책을 읽고 감동 혹은 느낌을 받으면 반드시 검색한다. 예를 들어 '쏠판'이라고 검색하면 지난 책이 나오는 것과 같은 이치다. 그러면 자연스럽게 이전 책은 어떨지 궁금해지고, 마침내 이전 책까지 구매로 이어질 수도 있다.

과거에 아주 유명한 가수가 있었다고 하자. 한때 나름 앨범 좀 팔아치운 명곡이라고 치자. 그런데 약 20여 년 동안 음반 시장에서 사라졌다. 앨범이 아닌 스트리밍 시대로 접어들어서도 그렇다고 치자. 그런데 방송 혹은 아이돌이 대박 친 영화에서 이 음악을 잠깐 썼는데, 이 콘텐츠가 대박이 터졌다고 해보자. 그러면 20년이나 지난 이 곡이 다시 뜨곤 한다. 이런 것을 요즘 말로 '역주행'이라고 한다. 본인만의 콘텐츠가 있으면 언제든지 역주행이 될 수 있다. 안 되어도 상관없다. 세상에 나온 콘텐츠는 계속 쌓이기 때문이다.

출간은 처음도 어렵고, 두 번째도 어렵고, 쓰기는 더 어렵고, 서점에 영업하기도 어렵다. 그런데 그 모든 일은 지금 회사에서 남의 일을 하면서 부장한테 잔소리 듣기보다 쉽다. 하물며 출간은 현직에 있으면서도 충분히 할 수 있다. '충분히'라고 표현해서 미안하긴 하다. 쉽지 않다는 건 잘 안다. 그러나 반드시 해야 한다.

"어떤 이야기를 써야 하나요?"

모른다. 내가 어떻게 알겠는가. 본인 이야기를 쓰면 된다. 자기 이야기를 한 자 한 자 쓰다 보면 글이 모인다. 그 글을 모아 책으로 엮으면 된다.

"저는 한글도 제대로 몰라요."

나도 마찬가지다. 그런 일을 하라고 우리나라에 정말 많은 전문 글 작가들이 있지 않은가. '떡은 떡집에서.'라는 일본 속담이 있다. 전문적인 일은 그들에게 맡기자. 우리는 초고만 쓰면 된다. 편집도 마찬가지이며, 책을 출간하겠다고 누가 대형 인쇄기를 들이고 잉크를 사겠는가.

보통 사람들은 유명한 운동선수나 연예인을 보면 현재 받는 연봉만 떠올린다. 우와! 일주일에 2억을 번다고? 그게 끝이다. 그들이 과거부터 일주일에 2억 원씩 받았겠는가. 절대로 그렇지 않을 것이다. 오랜 시간 동안 남들 잘 때, 남들이 밖에서 술 마시고 놀 때 혼자 연습하고 또 연습하고 또 연습했을 것이다. 과정을 무시하면 아무것도 할 수 없다. 사실 일반인과 성공한 사람은 그 차이인 듯하다. 과정을 중요시하고 그 기간을 견디느냐 그렇지 못하느냐.

물론 그렇게까지 했는데도 잘 풀리지 않는 경우도 있다. 그런데 그렇게까지 연습해서 나만의 콘텐츠를 가지는 것과 아무것도 하지 않는 것은 하늘과 땅 차이다. 출간은 단순히 "우와! 책도 내셨어요?" 이런 말을 듣자는 것이 아니다. 콘텐츠는 나만의 것이고, 그 콘텐츠를 누리거나 사용하기를 원하는 사람이 비용을 지불하게 되어 있다.

《개와 술》을 출간할 때, 지인들에게 10쇄를 찍겠다고 했다. 10쇄면 쇄당 1천 부를 찍는다고 가정할 때 1만 부다. 내가 출판사를 내어 출간했기 때문에 공급률을 제외하고 다 내 마진이다. 예를 들어보자.

A 책은 다른 출판사를 통해 출간되었으며 인세는 8퍼센트로, 책

값은 1만 원이다.

B 책은 내가 출판사를 차려 출간했으며, 책값은 1만 원이다.

두 권 모두 1천 권이 판매되었다고 가정했을 때, A 책의 매출액은 1,000(권)×10,000(원)으로 1천만 원이다. 인세가 8퍼센트이니 80만 원이 내 돈이 된다.

B 책은 1,000(권)×10,000(원)으로 1천만 원이지만, 통상 서점 공급률이 60퍼센트 내지 65퍼센트 수준이므로 60퍼센트로 잡아 1천만 원의 60퍼센트이면 600만 원이다. 비용을 간과한 부분은 있지만 이를 제외한다면 80만 원과 600만 원.

출판사를 통하면 나는 글만 전달하고 끝나지만 출판까지 하려면 내가 처음부터 끝까지 일련의 과정을 다 알아야 하고 그에 맞춰 진행까지 해야 한다. 그 차이다. 더 이상은 없다.

"영업은 어떻게 해요? 인쇄는요?" 이미 언급했지만 다 해주는 곳이 있다.

출판사 대표의 말을 빌리면, 책을 잘 파는 사람은 글을 잘 쓰는 사람이 아니다. 책 쓰기 전에 영업해본 적이 있는 사람이 훨씬 잘 판다. 나는 잘 몰라요. 그럴 일이 아니다. 물론 믿을 만한 출판사이고, 나는 글에 집중해서 글로 승부를 보겠다면 출판사를 통해 출간하고 인세를 받는 것도 좋다. 어차피 계속해서 다음 책을 낸다면 인세는 계속 오른다.

출간은 '살면서 꼭 한 번쯤 해보고 싶은 일'이 아니라 내 콘텐츠를 세상에 내보내는 아주 중요한 일이다. 그것이 독립 출판이나 자가 출판 등의 경로를 거쳐 나온다 해도 문젯거리가 될 것은 없다. 실제로 독립 출판으로 대박이 나 자기 건물을 가질 수도 있으니 말이다.

할 일이 너무 많은가? 많을 수밖에 없다. 이 책은 로또처럼 한 방에 월 천만 원을 버는 책방을 만드는 방법을 알려줄 수 없다. 그런 방법이 있었다면 내가 새벽부터 줄 서서 기다렸다가 체득했을 것이다. 과정을 생략하지 마라. 과정을 견디고 버티는 사람이 결국 결과물을 가질 수 있다. 그리고 그 결과물로 월 천만 원의 책방을 운영할 수 있다.

《개와 술》이 약 3천여 권 팔렸으므로 대략 계산해보자.

매출: 3,000(권)×15,000(원)=45,000,000원

작가 인세: 없음(내가 썼으니).

편집(윤문, 교정 교열): 2,000,000원

디자인 비용: 2,000,000원

표지 및 삽화비: 1,000,000원

인쇄비: 1~4쇄 비용 9,000,000원

판촉비: 3,000,000원

보관 및 배송비(업체 선정 후 사용): 1,200,000원/1년 사용료

손익: 약 26,000,000원

괜찮지 않은가. 대략적인 금액이지만 일부로 낮추지는 않았다. 꼼꼼한 분이라면 더 싼 업체를 찾을 수 있을 것이다. 대형 출판사라면 과감한 판촉으로 책이 더 팔릴 수는 있을 것이다. 그러나 보통 초보 작가의 글은 그렇게 고가의 비용을 들여 홍보해주지 않는다.

앞서 말했듯이 나는 10쇄를 목표로 했다. 그러나 4쇄 찍고 책

재고가 1천 부 정도 남았다. 그래도 실망하지 않는다. 10쇄는 누적이기 때문이다. 다음 책으로 3쇄 찍으면 나는 누가 뭐라고 해도 10쇄 작가다.

아마 이 책은 분명 3쇄 이상 찍을 수 있을 것이다. 한 번보다는 두 번이 쉽고, 두 번보다는 세 번이 쉽기 때문이다. 팔리지 않으면 어떻게 하냐고? 네 번째 책을 내면 되니 문제없다.

여러분도 그럴 수 있다. 나는 16년 동안 글이라곤 보고서밖에 써보지 않은 대기업 영업부 과장이었다. 그것도 엑셀만 사용했다. 숫자는 나름 강하지만 한글은 문외한이라고 해도 큰 무리가 없을 정도였다.

제발 "나는 이과인데 괜찮을까?", "요즘 바빠서 말이지.", "나는 집에서만 있어서 뭘 써야 될지 모르겠어.", "글은 작가들이나 쓰는 거지 무슨." 이런 말은 이제 더 이상 하지 말기를 바란다. 될 것으로 생각하고 시작하는 것과 지레 포기하고 시도도 하지 않는 것은 여러분의 인생 마지막에 막대한 영향을 미칠 것이다.

무조건 출간은 해야 한다.

▼▼
솔직히 운은
따라야 한다

회사 다닐 때 직속 선배가 있었다. 아주 꼼꼼하고 디테일해서 후배들이 어려워하던 선배였다. 관리는 물론이거니와 윗사람에게도 잘해서 남들보다 먼저 진급하곤 했고, 놀랍게도 회사원이라면 누구나 꿈꾸던 해외주재원을 무려 세 번이나 파견 나간 입지전적인 인물이기도 하다. 본사 복귀 후 부서 팀장을 맡았는데, 담당 임원 자리가 공석이 되면 0순위로 다음 임원이 될 것이라고 모두가 믿고 있었다. 그런 선배가 갑자기 회사를 그만두었다. 누구도 예상하지 못한 행로였는데, 나중에 알고 보니 그 당시에 주식 한 종목에서만 배당금으로 매년 몇천만 원씩 받았다고 한다.

나중에 나도 퇴사한 뒤 주식에 대해 궁금한 점을 묻기 위해 선배를 만났고, 장장 5시간 동안 그 선배의 주식 히스토리를 들었다. 시작은 이랬다.

2000년대 초반. 주식의 '주' 자도 모르던 그에게 아는 동생 한 명이 연락해온다. 카이스트에 다니던 후배였다.

"형, 이제 주식을 해야 해요."

주식을 모른다고 하자, 이제 시대의 흐름에 맞춰 주식은 무조건 해야 한다고 했다. 다른 사람도 아니고 카이스트에 다니는 동생의 말이니 혹할 수밖에. 그럼 어떤 주식을 사야 하느냐고 묻자 아주 친절하게도 다섯 종목을 뽑아주었다. 이 중에 어느 종목만 투자해도 수익이 상당할 것이라고. 그래서 그는 분산투자나 회사 이익이라는 용어도 모른 채 한 종목을 골랐고, 그 종목에 천만 원을 묻었다. 1년이 지난 후 이 종목은 300퍼센트 점프했고, 곧바로 2천만 원의 수익을 낸다. 여기서 중요한 점이 있다. 나머지 네 종목은 어떻게 되었을까? 그 종목들은 모두 상장폐지 되었다.

장장 5시간에 이르는 강의의 결론은 바로 운이었다. 벌어들인 돈으로 다음 종목을 매입하고, 그다음 종목에서 또 한 번 대박이 터지고, 그다음에 더 큰 대박이 터져 본인은 경제적 자유를 누릴 수 있게 되었다고 했다.

"내가 처음에 다섯 종목 중에 나눠서 투자했거나 다른 종목에 투자했으면 두 번 다시 주식시장에 들어오지 않았을 거야. 그때 이 종목을 추천해준 동생은 아직도 주식시장에서 얼쩡거리지만 큰 수익이 없었고."

"나는 운이 좋았다."

성공한 사람들은 대부분 이렇게 말한다. 지극히 맞는 말이다. 이 말은 누군가는 지극히 운이 없을 수 있으며, 그 운이 평생 오지 않을 수도 있다는 것이다. 너무나 슬픈 이야기이지만 그 전에 반드시 잊지 말아야 할 점이 있다. 운이 있는지 없는지는 실행해 본 사람만이 알 수 있고, 실행조차 하지 않은 사람은 운을 논할 자격이 없다. 나는 이것을 강조하고 싶었다. 선배는 동생이 해보라고 해서 종목 하나를 골랐고 그다음도 실행에 옮겼다.

선배의 전설적인 투자 이야기는 사실 그다음에 있다. 초기 투자로 벌어들인 돈이 약 9천만 원 정도 되었을 때였다. 동네 빵집에 갔다가 빵집에 사람들이 너무 많은 걸 보고, 이 빵 회사가 유망할 것 같아서 그 회사의 주식을 샀다. 그리고 그 당시에 해외 주재 발령이 난다. 주재국은 인터넷이 원활한 곳이 아니었고, 지금처럼 핸드폰으로 자유롭게 주식을 사고팔 수 있는 시스템이 아니었다.

바쁜 해외 주재 생활을 하면서 그 주식은 자연스럽게 잊혔다.

재미있는 건 이 주식을 사기 전, 회사 동료들에게 추천해서 몇 동료가 이 주식을 매수했다. 당시만 해도 주식으로 돈 좀 벌어본 사람으로 인식되었기 때문이다. 심지어 회사 임원까지 술자리에서 이 소식을 듣고 매수하기까지 했다.

그러다가 이 선배가 본사로 잠시 휴가를 나왔다. 주재원이 휴가를 나오면 보통 본사를 방문해서 임직원들과 휴가차 안부를 묻고 식사도 하는데, 식사 자리에서 이 주식을 산 동료들이 일제히 이렇게 말했다.

"저번에 말한 주식이 30만 원이나 됐어. 아직 갖고 있지? 빨리 팔아."

처음 매수가격이 주당 8만 원이었는데 30만 원으로 오른 것이다. 동료들은 이미 너무 신나서 이 주식을 팔았다. 뒤늦게 소식을 들은 선배는 내일 아침에 이 주식을 팔아야지 하다가 다른 스케줄로 인해 때를 놓쳤고, 다시 주재국으로 들어가면서 또 타이밍을 놓친다.

이후로 이 주식은 80만 원이 된다. 앞에 말했듯이 9천만 원어치 산 주식이 10배가 된 것이다. 그게 9억 원이 되었고, 그 이후로는 모든 주식을 배당주로 바꾸고 배당금만 받는다고 한다. 지금도 그러는지는 모르겠지만, 들리는 소식에 배당금만으로도 재직 시절의 연봉을 받는다고 한다.

세상을 살면서 운은 꼭 필요하다. 운이 없을 수도 있고, 선배처럼 운이 좋은 사람도 있을 수 있다. 그러나 운이 없는 사람도 많고, 운이 없다고 평생 불평만 토로하는 사람도 많다.

없는 운을 만들어내는 건 불가능하다. 다만 그 운을 실험해보는 건 누구나 가능하다. 이번에 안 되면 다음에 하면 된다. 다음에 안 되면 그다음에 하면 된다. 운은 그렇게 언젠가 한 번 터지게 마련이다. 다만, 오해하실 것 같아 미리 말하지만, 주식을 운으로 하라는 이야기가 아니다.

월 천만 원 책방이 운으로만 될 수는 없지만 운은 있어야 한다. 운이 좋아 집주인을 잘 만나 헤이리에서 다양한 분들을 만날 수 있었고, 그분들의 도움으로 《오늘 같은 날 헤이리》를 출간하고, 그 책으로 매출 1,200만 원을 석 달 만에 이루었다. 2천 권을 팔았기 때문이다. 월 400만 원의 매출을 단행본으로 낸 것이다. 그리고 이 책은 쑬딴스북의 두 번째 책이 되었고, 이 책이 팔리면서 《개와 술》이 조금 더 팔렸다.

솔직하게 말하면 나도 운이 좋았다. 그러나 나는 과정을 실험했고, 그 결과물을 만들어내기 위해 고민했으며 내 시간을 그곳에 투여했다. 그리고 내 과정을 지켜보던 분들의 도움을 받아 책이 나왔다.

어떤가? 운을 한번 시험해보고 싶지 않은가?

▼▼
오라면 어디든 갑니다

2022년 가을이 되자 그동안 코로나로 인해 중단 혹은 무기한 연기되었던 지방 축제가 일제히 부활했다. 많은 축제가 있지만, 지방 혹은 서울 경기에서 축제, 특히 책 축제도 상당히 많다. 책 축제는 전국의 다양한 책방이나 출판사가 참가 신청하고, 선정되면 지방 축제에 부스를 열어 각자 출간물이나 콘셉트를 가진 책, 일반 출간물 등을 판매한다.

지방 책 축제에 갈 때 나만의 기준이 있는데, 그 중 첫 번째는 내 책만 가지고 가는 것이다.

전국의 많은 동네 책방이 온다. 각자 콘셉트에 맞는 책들이 오지만 역시나 책은 본인 콘텐츠가 아니면 결국 누군가에게 사 와서 팔고 그 마진을 얻는 일이다. 다만, 책 도매가는 최소 70퍼센트, 많게는 75퍼센트가 넘는다. 1만 원짜리 책이면 7,000원에서 7,500원에 사 온다는 것이다. 1만 원에 팔면 2,500천 원에서 3,000원 정도가 남는데. 그곳까지 가는 비용, 숙박, 운영비, 인건비는 책정하지 않더라도 마진으로 볼 때 쉽지 않은 사업이다. 그러나 내 책을 가지고 가면 팔리는 횟수는 적더라도 팔면 팔수록 고스란히 나의 마진이 된다. 내가 만들고 내가 출간했으니 정가 그대로 내 마진이다.

  내 책만 가지고 가지만, 나는 어디라도 부르면 간다.
  지방 축제는 참가하는 책방이 많지 않다. 움직이기도 쉽지 않고 지방까지 다녀가기가 만만치 않은 비용과 시간이 들기 때문이다. 그러나 나는 초청 혹은 오지 말라고 해도 무조건 신청하고 선정되면 무조건 간다. 내 책이 독자들과 만날 수 있는 자리는 그것밖에는 기회가 흔하지 않기 때문이다. 현장에서 만나는 사람들, 특히 내 책을 구매하는 사람은 곧바로 내 독자가 된다. 그리고 대부분 그 책을 읽는다. 책에 실망해서 두 번 다시 내 책을 보지 않은 경우도 있겠지만 그렇지 않다면 고스란히 다음번에 나올 내 책의 구매자로 이어질 수 있다. 그래서 불러주면 무조건 간다.

  책 외에 재미있는 이벤트를 준비한다.
  책 축제는 책을 매개로 사람을 불러 모아 재미있는 한바탕 잔치를 치르는 자리다. 그런 자리에서 굳이 책으로만 승부를 볼 필요는 없다. 사람들은 내 책이 궁금한 게 아니라 그들이 원하는 것을 하거나 구매하고 싶어 하기 때문이다. 그래서 나는 축제에 갈 때마다 가져가는 것이 있다. 그것은 바로 뽑기다. 기억나는가? 어릴 적 초등학교 문방구 앞에서 하던 뽑기. 가끔 내 팔 길이만 한 금붕어도 주고, 커다란 배도 주었던 그 뽑기.

  뽑기가 있으면 기본적으로 아이나 어른 모두 흥미를 보인다. 물론 비싸지 않다. 재미로 한두 번 해볼 정도만 한다. 나는 뽑기를 할 때 한 번에 1천 원씩 하고, 1천 원보다 값어치가 나가는 상품을 준비한다. 예쁜 엽서라든지 책방에서 만든 수제 노트라든지. 2등 상품으로는 주로 내 책 사인본을 준다. 2등 당첨된 것도 좋아하지만, 작가 사인이 들어간 책을 받는 재미를 누릴 수 있게 한 것이다. 그럴 경우 그분은 그날의 추억을 곱씹을 수 있고, 책상 어딘가에 둔 내 책을 언젠가는 꺼내 읽을 확률이 높다. 그러면 그들은 내 독자가 된다. 여건이 된다면 뽑기에 판 돌리기 같은 이벤트로 사람들의 이목을 끌고, 그 뒤에 내 책을 자연스럽게 보게 하기도 한다.

솔직히 말하지만 생각보다 책은 팔리지 않는다. 책은 가장 저렴하게 세상을 여행할 수 있는 방법이지만 사람들은 굳이 읽는 것으로 세상을 여행하려 하지 않는다.

판매에 일희일비하지 않는다.

어떤 축제는 생각보다 판매가 잘 되는 경우가 있다. 그러나 같은 경우로 어떤 축제는 거의 판매되지 않고 혼자 온종일 앉아 있을 수도 있다. 그럴 때마다 일희일비하면 쉽지 않다. 잘 팔리면 감사하고 그렇지 않다면 그럴 수 있겠다고 생각해야 한다.

목포에 갔을 때는 목포 맛집 투어로 생각했다. 낮에는 책방 축제에서 책을 팔고, 밤에는 목포 맛집을 다니는 것이다. 멋진 일 아닌가. 사실 나는 작년에 책 축제 덕분에 태어나서 처음 목포를 가보았고, 목포의 매력에 흠뻑 빠졌다. 인제는 또 어떤가. 강원도의 외딴 시골, 인구 3만 명이 채 되지 않는 곳에서 그곳의 특산물과 막걸리를 맛보는 일. 그것이야말로 인생의 맛을 즐기는 일이 아닐 수 없다. 더구나 지방 축제는 지방마다 다르지만, 참가비를 받는 것이 아니라 주는 곳도 많다. 책도 팔고 참가비도 지원받고, 어떤 곳은 식사도 지원되는 곳이 있고, 숙박도 지원해주는 곳도 있다. 진정한 휴양 아닌가.

함께 온 책방 주인들과 인연을 쌓는 건 부가적인 즐거움이다. 책방 주인들과 이야기해보면 어떻게 그렇게 나와 생각이 똑같은지 놀라울 때가 많다.

"책방 운영하는 일이 너무 어려워요."

그러나 그들은 언제나 웃고 있다. 인상을 찡그리지 않고, 다음 해에 또 온다. 그것이 책방을 운영하는 힘이다. 적어도 내가 만나본 모든 책방 주인들은 그랬다. 거기다 출판사와 함께 하는 축제라면 다양한 출판사 책도 구경하고 다른 책방은 어떤 콘셉트인지 배울 좋은 기회도 된다.

오라면 간다. 그러면 그 경험치가 자산이 된다. 그리고 그 자산이 다음 기회를 만들어준다.

다음은 목포 축제에 갔을 때 총매출을 정리한 것이다.

(매출)

뽑기: 170,000원

책 판매: 230,000원

참가 지원금: 500,000원

식대 지원: 점심 및 저녁

매출 소계: 900,000원

(비용)

개인 지출: 200,000원(숙박)

대중교통: 96,000원(KTX, 서울에서 이동 수단은 제외)

비용 소계: 296,000원

어떤가? 생각보다 괜찮다. 물론 술값은 계산하지 않았다. 많이 먹고 놀았으니 인간적으로 그것까지 계산하면 너무 빡빡하지 않은가. 그렇게 그곳의 추억을 누릴 수 있었고, 특히 구시가지 언덕 위에서 내려다본 목포의 전경은 아직도 눈에 선하다.

▼▼
목표는 반드시
숫자로

회사, 특히 영업에서는 모든 것이 숫자다. 1월 목표, 2월 목표, 분기와 반기 목표, 올 한 해 목표……. 사실 이게 엄청 두루뭉술한 개념이다. 도대체 올해 얼마나 팔 수 있을지 어떻게 알고 누가 알겠는가? 영업사원들의 가장 큰 고충도 이 부분이다. 그래서 혹자들은 숫자 없는 목표를 가지고 있는 기업이나 회사가 참 자유롭다고도 한다.

내가 다녔던 회사는 목표를 무조건 전년 대비로 잡았다. 월 매출도 전월과 작년 동월을 비교해 목표를 잡았다. 그래서 둘 다 상승했으면 잘한 것이고, 그렇지 못했으면 어떤 부분에서 부족했는지 보고서를 썼다. 해본 사람이면 알겠지만 이건 고역에 가깝다. 오죽하면 과자를 팔아 A4 용지를 사는 회사라는 우스갯소리가 있었겠는가.

그러나 숫자 없는 목표는 하지 않겠다는 것과 다름없다. 개인 사업이고 먹고사는 데 전혀 지장 없다면 상관없다. 그러나 먹고사는 일과 직결된 일이라면, 그리고 그것으로 본업을 삼고 있다면 반드시 숫자로 목표를 잡아야 한다.

회사 다닐 때, 사장님과 회의할 때였다. 전년 대비 칸쵸 매출이 많이 빠졌다.

"칸쵸는 왜 이렇게 빠진 겁니까?"

사장님의 질문에 나는 제대로 대답하지 못했다. 당시에는 어린아이들이 많이 먹지 않으니 팔리지 않았으리라 생각했다. 내 탓은 아니라 환경 탓이라고, '이놈의 회사, 빨리 때려치워야지.'라고만 생각했다.

그러다가 사우디아라비아로 출장 간 일이 있었다. 당시에는 제과 시장의 판매처가 크게 소매점과 도매상, 큰 유통상으로 나뉠 때였다. 우리나라로 치면 동네 슈퍼, 남대문시장, 대형 마트 정도다. 사우디아라비아는 우리나라와 다르게 도매시장의 매출 비중이 크다. 땅덩이가 넓고 외곽 지역으로 나가는 물량 대부분이 도매상에서 나가기 때문이었다.

도매시장을 방문했을 때, 왜 칸쵸가 팔리지 않는지 깨달았다. 도매상은 물량이 많고 업자들을 상대로 판매하기 때문에 박스 사이즈가 큰 것이 좋다. 그래야 유통비용을 절감하고 개당 단가가 낮아지기 때문이다. 그런데 한국 유통 시스템에 맞춰 원가를 줄인다고 칸쵸 박스 규모를 줄였다. 그전에는 한 박스에 120개 들어가던 것을 박스당 40개로 줄인 것이다. 그러니 도매상은 제품 다루기를 꺼렸고, 곧바로 매출로 연결되었다. 도매상은 박스당 마진으로 장사하는데 박스당 마진이 빠지자 판매 순위에서 밀린 것이다. 현장을 가보지 않았다면 몰랐을 일이지만, 그로 인해 박스 사이즈를 다시 키우고 매출은 일정 정도 돌아왔다.

칸쵸 목표 숫자를 잡지 않았다면 매출이 부진한 이유를 파악하려 하지 않았을 것이고, 사유를 모르면 개선되지 않는다. 그러면 칸쵸는 영원히 시장에서 사라진다. 다행히 목표 숫자를 맞추기 위해 원인을 알고 개선점을 찾으면서 칸쵸는 회복되었다.

그만큼 목표 숫자는 중요하다. 내가 이번 달에 얼마를 할 것인가? 올해 얼마를 할 것인가? 그 숫자를 달성하기 위해 무엇을 해야 하는지에 초점을 맞춰야 한다. 이것은 사실 스스로 사업을 해보지 않은 이상 깨닫기 힘들다. 주먹구구로 사업하면 언제나 등락이 큰 매출 앞에서 무엇을 해야 할지 모른다.

'월 천만 원 책방'은 상징이다. 천만 원이 중요한 것이 아니란 이야기다. 천만 원을 만들기 위해 내가 무엇을 하느냐가 중요하다. 사실 월 천만 원을 잡고 200만 원을 할 수도 있고 1,200만 원을 할 수도 있다. 중요한 것은 지속 가능한 성장에 있다. 이것은 대기업이나 작은 자영업자나 마찬가지다. 오늘은 어제보다 발전해야 하며 그러지 않으면 의미가 없다. 적어도 사업해서 성공하겠다고 생각한다면 말이다.

처음부터 성공 대열에 들어서는 사람은 없다. 처음에는 다 0이었다. 시작은 0이지만 끝이 얼마인가가 중요하다. 그래서 성공한 사람은 그 끝이 100이거나 1,000이거나 10,000까지 만들어 가는 사람이다.

오늘 당장 목표를 정하는 것이 좋다. 이번 달은 얼마, 올해 얼마. 그리고 그 숫자는 시간이 지나갈수록 수정과 보완을 거치면서 다듬으면 된다. 그러다 보면 월 천만 원도 하고, 월 1억 원도 할 수 있다. 원래 안 되는 이유는 무수하게 많고 되어야 할 이유는 언제나 단 하나밖에 없다. 그것을 이루느냐 그렇지 못하느냐의 차이다.

▼▼
한 가지에 집착할
필요는 없다

책을 출간한다고 하면 우리는 보통 종이책만 생각한다. 최근 전자책(e북)도 상당히 출간된다. 통상 e북 판매 매출은 종이책 판매의 5퍼센트 미만이다. 편하게 핸드폰으로 지하철이나 잠시 누구를 기다리면서 e북을 이용할 것 같지만 소수다. 차라리 종이책을 선호한다.

e북의 한계는 분명히 존재하지만 그렇다고 해서 e북을 굳이 하지 않을 이유도 없다. 대형 서점부터 개인 독립 출판까지 e북도 상당한 출간 결과물의 한 부문을 이루었다. 물론 내 책도 모두 e북이 나와 있다.

여기서 한 가지 더 생각해볼 것이 있다. 종이책과 e북으로 끝이 아니다. 몇 대형 출판사와 출판의 틈새를 찾은 업체에서 시작한 서비스가 있다. 바로 큰글씨책이다. 이름 그대로 큰 글씨로 되어 있다.

이 책이 왜 필요한가? 아직 젊다면 이유를 알아차리기 힘들겠다. 50세 가까이 된 분들이라면 바로 이해한다. 노안으로 가까운 글이 보이지 않아 안경을 올리거나 대상을 멀리서 봐야 보인다.

그것을 가능하게 해주는 것이 큰글씨책이다. 눈이 좋지 않으면 책 읽는 게 힘들고 피로도가 상당하다. 그곳에서 시장을 찾은 것이 큰글씨책이다. 판형이 크다. 글씨가 크기 때문이다. 어릴 적 우리가 풀던 문제집 정도 크기다. 글씨가 커서 연세가 많으신 분들과 노안이 심한 분들이 압박 없이 편하게 읽을 수 있다.

이 책이 과연 팔릴까? 일반 매장에서는 보기 힘들다. 책이 크고 무겁고 책 같지 않아서다. 그러면 이 책은 어디서 팔리는가? 공공도서관과 단체에서 구입한다. 나이 드신 분들이 편하게 책을 읽고 싶어도 큰 글씨로 된 책이 없는 불편함을 줄여주기 위해서다. 도서관은 예산을 집행해야 하는데, 이런 책만큼 예산 쓰기가 수월한 게 없다. 같은 책이라도 도서관에서 구비할 수 있기 때문이다. 제목과 디자인 모두 똑같지만, 엄연히 ISBN이 달라 다른 책이라고 할 수 있다.

나이 드신 분들이 편하게 볼 수 있게 해주는 책. 기가 막히지 않은가. 내가 아는 출판사는 약 20여 종의 책을 큰글씨책으로 출간해 매월 300만 원 또는 400만 원의 수익이 들어온다. 유통도 판매도 직접 할 필요가 없다. 이 얼마나 근사한 일인가.

또 있다. 큰글씨책과 반대인 작은글씨책이다. 작은글씨책은 아직 대중화까지는 안 되었지만 충분히 고려할 만하다. 나만의 책장을 꾸리고 싶지만 책 사이즈나 무게가 부담된다면 미니어처처럼 책장을 꾸밀 수도 있겠다. 작은 책이라니 근사하지 않은가. 멋진 일이다. 유행은 돌고 도니까 대박 날 정도로 많이 팔릴지는 아무도 모른다. 큰글씨책이 된다면 작은글씨책도 안 될 리 없다.

한 가지만 고집할 필요가 없다. 결과물에 대한 다양한 종류의 가능성을 열어두는 것이 중요하다. 혹시 상상도 하지 못한 결과물을 떠올릴 수 있다면 그것이 중요하다. 그것을 사업으로 연결하는 시도와 노력.

다음은 출간물에 관련한 2023년 1월 쑬딴스북의 매출이다. 참고하기 바란다.

《대기업 때려치우고 동네 북카페 차렸습니다》 2022년 4분기 인세 종이책 · e북: 60,000원

《개와 술》·《오늘 같은 날 헤이리》 큰글씨책: 130,000원

《오늘 같은 날 헤이리》 행사장 판매: 400,000원

《오늘 같은 날 헤이리》 알라딘 판매분: 70,000원

큰돈은 아니다. 하지만 중요한 것은 내가 아무것도 하지 않아도 저절로 들어오는 돈이다. 행사장 판매분은 내가 직접 영업을 뛴 것이기는 하지만, 그것도 내가 속한 단체 모임의 사은품으로 쓰였다. 한 달 66만 원이면 훌륭하다. 지금 3종으로 이 금액이면 6종이면 두 배다. 그렇게 계산해야 한다. 10종이면 더 된다.

한 가지에 집착하지 말자. 여러 가지 가능성을 항상 염두에 두고 귀를 기울이자. 그리고 해볼까 생각만 하지 말고 저질러보는 것이 좋다. 콘텐츠는 어디든 뿌려 두면 나중에 큰 복이 되어 돌아온다. 더구나 모두 내 콘텐츠 아닌가. 누구도 건들지도 만지지도 못하는 오로지 나만의 콘텐츠.

▼▼
처음과 끝은 모두
사람이다

최근 펴낸 《종교 너머 도시》 이야기를 하자. 원래 내 책을 내 출판사로 내기 위해 출판사를 냈으나 내 책만으로는 종수가 늘지 않는다. 그래서 2023년에는 다른 작가님을 모셔서 책을 내겠다는 계획을 세웠다. 그래서 어떻게 하면 좋을지, 어느 평일 오전 헤이리 인근 둘레길을 걷고 오전부터 지인들과 막걸리를 마시고 있었다.

막걸리가 몇 잔 돌고 난 뒤에 갑자기 보이스톡이 왔다. H대 A과 교수님이었다. 내가 나온 대학과 학과다. 한 번 뵌 적은 있지만 개인적으로 연락한 적이 없었다. 그때 그 교수님은 나한테 이렇게 말씀하셨다.

"이번에 책을 하나 준비 중인데, 후배님이 출판사를 한다고 하니 후배님과 함께 책을 내보면 어떨까 합니다."

놀라웠다. 헉! 그 자체였다. 마침 그런 계획을 하고 있었고, 막걸리 마시는 지인들도 책과 관련된 분들이어서 마침 그 이야기를 나누던 중이었다. 나는 너무나 고마운 제안이라고 했고, 이후 5월 10일 출간하고 각종 언론사에 신간소개가 되었다.

이 교수님이 나를 어떻게 생각하게 되었을까? 연초에 대학 동문들의 신년 모임이 있었다. 차기 총무가 정해지지 않았던 동문회에서 내게 총무를 해주었으면 하고 제안했고 나는 고민 끝에 수락했다. 그래서 신년회 때 내가 모임 사회를 보았다. 그리고 그 모임 때, 2022년 초겨울에 출간한 《오늘 같은 날 헤이리》를 선물했고, 오신 회원들이 모두 한 권씩 가져갔다.

교수님이 집에서 책을 보고 모임에서 사회를 본 나를 떠올렸다고 했으며, 자기 책을 후배와 함께 내는 것도 좋겠다 싶었다고 했다. 내가 총무 자리를 고사했다면, 그날 사회를 보지 않았다면, 그날 책을 선물하지 않았다면 절대로 이루어지지 않았을 일이다. 그때 생각했다. 어디서 어떻게 일이 진행될지 모른다. 세상일은 그런 것이다. 기회가 오면 최선을 다해 임하고, 주변 사람들을 배려하고 행동하는 사람에게 기회가 온다.

물론 나는 이 책을 1인 출판사이지만 최선을 다해 세상에 알렸고, 대형 서점은 물론 동네 책방까지 소개해서 팔려 나가고 있다. 내 출판사에서 다른 작가가 쓴 첫 책이고, 내 동문 선배의 책이며, 내 전공에 관한 이야기다.

또 다른 이야기. 올해 초에 개인적인 문제가 생겨 급하게 큰돈이 필요했다. 금융권은 다 다녀도 직업이 없는 내게 돈을 빌려주겠다는 곳도 없고, 카드 대출을 다 받은들 턱도 없는 금액이었다. 몇 날 며칠을 고민하고 밤잠을 설쳐 가며 고민했지만 딱히 방법이 보이지 않았다. 그래서 태어나서 처음으로 지인들에게 천만 원씩 부탁했다. 누구에게는 적은 돈일지 모르지만 요즘 같이 경기가 어려울 때는 엄청난 금액이다.

말하기도 어려웠지만 그 큰돈을 과연 도와줄 수 있을지, 그 정도 돈을 가지고 있을지도 모르는 상황이었다. 그러나 당장 해결해야 하는 문제라 어렵게 부탁했다.

(지인 1)
전화 때문에 자다 깼다. 돈 이야기를 꺼내자 이렇게 말했다.
"그래? 잠깐만 기다려봐. 나 잠 좀 깨고."
딱 이 한마디뿐이었다. 그리고 정확하게 10분 뒤에 내 통장으로 1,100만 원이 이체되었다.

(지인 2)

카톡으로 이야기했고 전화로 이어졌다.

"형님, 제가 지금 현찰은 없고, 단기대출 받으면 천만 원은 융통할 수 있을 것 같습니다. 언제까지 필요하십니까?"

이 돈은 받지 않았다. 내 돈 필요하다고 동생이 대출받는 것까지는 원하지 않았다.

(지인 3)

"제가 주식을 팔아야 하니 사흘 걸립니다. 그 뒤에 이체해 드릴게요."

개인 주식을 매도해서 3일 뒤에 천만 원을 이체해주었다.

(지인 4)

"야! 내가 무슨 돈이 있냐? 혹시 융통할 수 있나 알아보고 보내줄게."

10일 뒤에 원자잿값을 보내야 하니 10일 안에 갚으라고 하면서 700만 원을 이체해주었다.

(지인 5)

돈을 마련하기 이틀 전, 답답한 마음에 친구를 만났고, 소주 한 잔 나누면서 가감 없이 있는 그대로 사정을 이야기했다. 지인은 소주 한 잔을 툭 털고는 더 이상 어떤 이야기도 물어보지 않고, 이렇게 말했다.

"얼마 필요하냐? 다음 달 말에 필요한 돈이니까 다음 달 말까지 갚아라."

그리고 다음 날 2천만 원을 보내주었다.

너무 고마웠고, 정말로 고마웠다. 그리고 한 달 뒤에 어렵게 대출을 받아 연 12퍼센트 이자로 계산해서 원금과 이자를 모두 돌려주었다. 나는 이때 사람이 살면서 얼마나 사람이 중요한지 처음으로 깨달았고, 돈이 얼마나 무서운 건지도 새삼 느꼈다.

사람 사는 일의 처음이자 끝은 모두 사람이라는 것을 느꼈고, 내가 사랑하는 가족과 아끼는 사람들에게 정말 잘해야겠다는 뼈저린 교훈을 얻었다. 그리고 무엇보다 자금 계획을 잘 세워 돈 문제로 생활에 큰 지장이 없도록 만들어야 한다는 것을 절감했다. 내 인생에서 이런 일은 두 번 다시 일어나지 않을 것이다.

그들이 무엇을 믿고 큰돈을 빌려주었는지 나는 아직도 모른다. 심지어 아는 지인들 단톡방에 돈 이야기를 꺼내자 보이스피싱인지도 의심하지 않았다. 내가 되려 보이스피싱을 조심해야지라고 훈수 둘 정도였다.

세상 모든 일은 사람들과 함께한다. 나쁜 사람도 있고 좋은 사람도 있겠지만, 중요한 것은 내가 잘해야 한다. 그들과 함께 사는 세상에 내가 우뚝 서고, 나로 인해 작은 기여를 하고, 그 기여들이 모여 지금보다 나은 세상을 만들어야 한다고 믿는다.

책방도 사람들과 함께하는 것이다. 나 혼자 잘났다고 되는 일도 아니고, 나 혼자 해본다고 이루어지는 것은 아무것도 없다. 당장 천 원 더 벌자고 아등바등하면 사람들은 다 멀어진다. 처음부터 끝까지 잘해야 한다. 그것이 장사이자 사업이다.

인생 별 것 없다. 세상 모든 일은 사람에서 시작해 사람에서 끝난다.

▼▼
SNS는 장식이
아니다

"나는 오프라인이 좋습니다."

"나는 인스타그램 안 합니다."

"남들 눈 의식하는 걸 왜 합니까?"

인정한다. 대한민국은 개인의 자유가 인정되는 자유민주주의 사회이니까. 다만 SNS를 활용하지 않고 산속에서 장사하려면 어떻게 해야 할까? 인터넷을 활용하지 않고 내 콘텐츠를 알리는 방법은 무엇일까?

없다. 단언하건대 없다. 내가 해봐서 잘 안다. 쑬딴스 북카페는 파주시 탄현면 헤이리마을에 책방이 있다. 그것도 헤이리 안쪽의 사람들이 많이 오가는 곳도 아니다. 8번 게이트 옆, 인적이 심하게 드문 곳이다. 하루에 10명 안팎이 다니는 곳이고, 가끔 인근 주민만이 산책하거나 강아지와 거니는 곳일 뿐이다.

아무리 좋은 내용과 상품이 있어도 알려지지 않으면 손님이 알 수가 없다. TV나 라디오, 신문 등과 같은 고전적인 광고를 활용할 수도 있지만 비싸다. 그런데 SNS는 무료다. 계정과 아이디를 만들고, 자신과 관련 있는 내용을 꾸준하게 업로드하는 일이 기다리고 있다. 차이는 대부분 여기서 드러난다. 자주 하고 관리하느냐 아니면 계정만 가지고 있을 뿐 아무런 내용도 없거나 활동하지 않거나.

우리는 가끔 자다 일어나니 대박이 나 있더라, 라는 꿈만 같은 이야기에 빠져 산다. 나도 그런 일이 생겼으면 좋겠다고 생각하지만 그런 일은 일생에 한 번도 일어나지 않을 확률이 99.9퍼센트다. 0.1퍼센트는 그럴 수도 있겠지만 산다는 건 확률 싸움이다. 0.1퍼센트로 배팅하는 사람은 없다. 99.9퍼센트에 배팅해야 살아남을 수 있다.

그래도 꿋꿋하게 인터넷을 활용하기 싫다면 방법이 전혀 없는 것은 아니다. 오랫동안 하면 된다. 10년 정도 버티고 견디면 단골이 생길 수 있다. 그만한 시간을 버티고 이겨낼 수 있다면 말이다.

인스타그램이나 블로그는 단순히 개인 계정의 차원이 아니다. 나와 매일 오프라인에서 만날 수 없는 사람들에게 내 이야기와 내 콘텐츠를 전달하는 역할을 한다. 그 콘텐츠가 당장 팔 수 있는 것이 아니어도 상관없다. 내 인친 혹은 페친 그것도 아니면 나를 아는 누군가라고 할 수 있다. 어떻게 해야 하나요? 그것까지는 모른다. 나도 인스타그램은 1,400여 명의 팔로워가 있고, 블로그는 2,600여 명의 이웃이 있을 뿐이다. 꾸준하게 매일 올리지도 않는다. 정말 일기처럼 사용한다. 그럼에도 불구하고 책방에 오는 외부 손님의 50퍼센트가 인스타그램이나 블로그를 보고 책방을 찾아온다.

이 먼 곳까지 인스타그램과 블로그가 아니라면 도대체 어떻게 알고 찾아올 수 있는가? 심지어 몇 편 되지도 않는 유튜브를 보고 오셨다는 손님도 계신다. 인연은 그렇게 시작된다. 내 SNS를 보는 손님들은 대부분 책에 관심이 많고, 은퇴하고 싶으며 은퇴 이후의 삶에 지대한 관심이 있고, 하고 싶은 일을 하면서 돈도 벌고 싶어 한다. 그래서 나를 찾아온다.

그렇다고 내가 컨설팅 비용을 받거나 어떤 특정 상품을 강매하지 않는다. 그렇게 찾아오는 손님들은 대부분 자연스럽게 내 책을 구매하고, 책방을 구경하고, 탄이에게 간식을 주며 나와 관계를 형성한다. 책방을 하고 싶다는 희망을 서로 이야기하고, 그 희망으로 책방을 열고, 본인의 삶을 새롭게 시작한다.

어떤 일이든 처음이 어렵고 과정은 더 힘들다. 그 시간을 견뎌 내야 그다음부터 누적된다. 어떤 내용을 올려야 할지 모르겠다는 사람이 많다. 나도 그렇다. 내가 블로그에 어떤 내용을 올리는지 아는가? 생각나는 모든 이야기를 적는다. 사는 이야기, 문득 든 생각, 그러다가 가끔 계획하는 일, 앞으로의 소망이나 바람 등이다.

우리가 가전제품 하면 특정 브랜드를 언급하는 것은 그 브랜드가 지속적으로 우리에게 노출되기 때문이다. 다른 이유는 아무것도 없다. 외국산 가전이 더 성능 좋고 가성비가 좋을 수도 있다. 혹자들은 가성비를 따지면서 훨씬 좋다고 말하지만 사람들은 본인의 관점으로 기준을 삼기 때문에 절대로 가성비가 이길 수 없다. 누가 너무나 괜찮은 가성비 최고인 A 냉장고를 집에 두고 너무 잘 쓰고 있다고 해도 지인들은 삼성이나 LG 아니면 실망한다. 그래서 대기업 가전이 팔리는 것이다.

SNS 활용도 이와 똑같다. 내 콘텐츠를 지속적으로 올린다는 건 나를 계속해서 누군가가 본다는 것이고, 나를 계속해서 본다는 뜻은 그들과 나 사이에 누구도 약속하지 않았지만 아주 작은 신뢰가 쌓인다는 것이며, 그것이 브랜딩이다. 그 신뢰는 내 콘텐츠가 상품화되었을 때 구매 가능성이 커진다는 뜻이기도 하다.

현재 대한민국 어딘가 누군가의 노트북에는 출간만 해도 대박 날 수 있는 콘텐츠가 무궁무진하게 널려 있을 것이다. 이 콘텐츠가 상품화하지 못한 이유는 하나밖에 없다. 대중들이 모르기 때문이다. 책방을 한다는 것도 마찬가지다. 내가 어떤 이유에서 책방을 하더라도 그것은 대중에게는 관심거리가 아니다. 그들은 본인이 원하는 것을 듣고 싶어 하고, 본인이 원하는 것을 해결해 줄 콘텐츠가 필요하다.

내가 좋은 상품 말고 사람들이 좋아하는 상품을 팔아야 한다. 적어도 책방이 나만의 취미나 소일거리가 아니라면 그렇다. 이 글을 읽는 분들 중에는 나보다 인스타그램 팔로워가 훨씬 많은 분들이 있을 것이다. 블로그 이웃도 마찬가지다. 이 팔로워와 이웃을 활용해야 한다. 그들은 이미 나를 지켜보고 있고, 나로 인해 원하는 것이 나왔을 때 구매 가능성이 극대화될 수 있다.

아직 계정도 없거나 있어도 무용지물인 분들도 있을 것이다.

잠시 책을 내려두고, 핸드폰을 들고 자신의 계정을 먼저 다시 찾아보라. 그리고 이 책을 오늘 첫 내용으로 올려라. '나 책 읽고 있어.', '나 책방 하고 싶어.' 그 한 줄로 시작하는 것이다. 책방 창업 과정을 인스타그램에 계속 올리면 분명히 팔로워가 생기며, 그 팔로워가 책방의 손님이 된다. 당장 실천하면 된다. 하루에 한 줄씩, 사진 한 장으로 내 인생이 바뀔 수 있다면 하지 못할 것도 없지 않은가.

SNS는 해도 되고 안 해도 되는 것이 아니라 내 콘텐츠를 도와줄 내 동반자이자 친구다. 친구를 배신하지 말자. 잘 해주고 다독여 나와 함께 성장할 수 있게 하자. 쉽지는 않지만 이 책을 읽는 중이라면 충분히 가능하다.

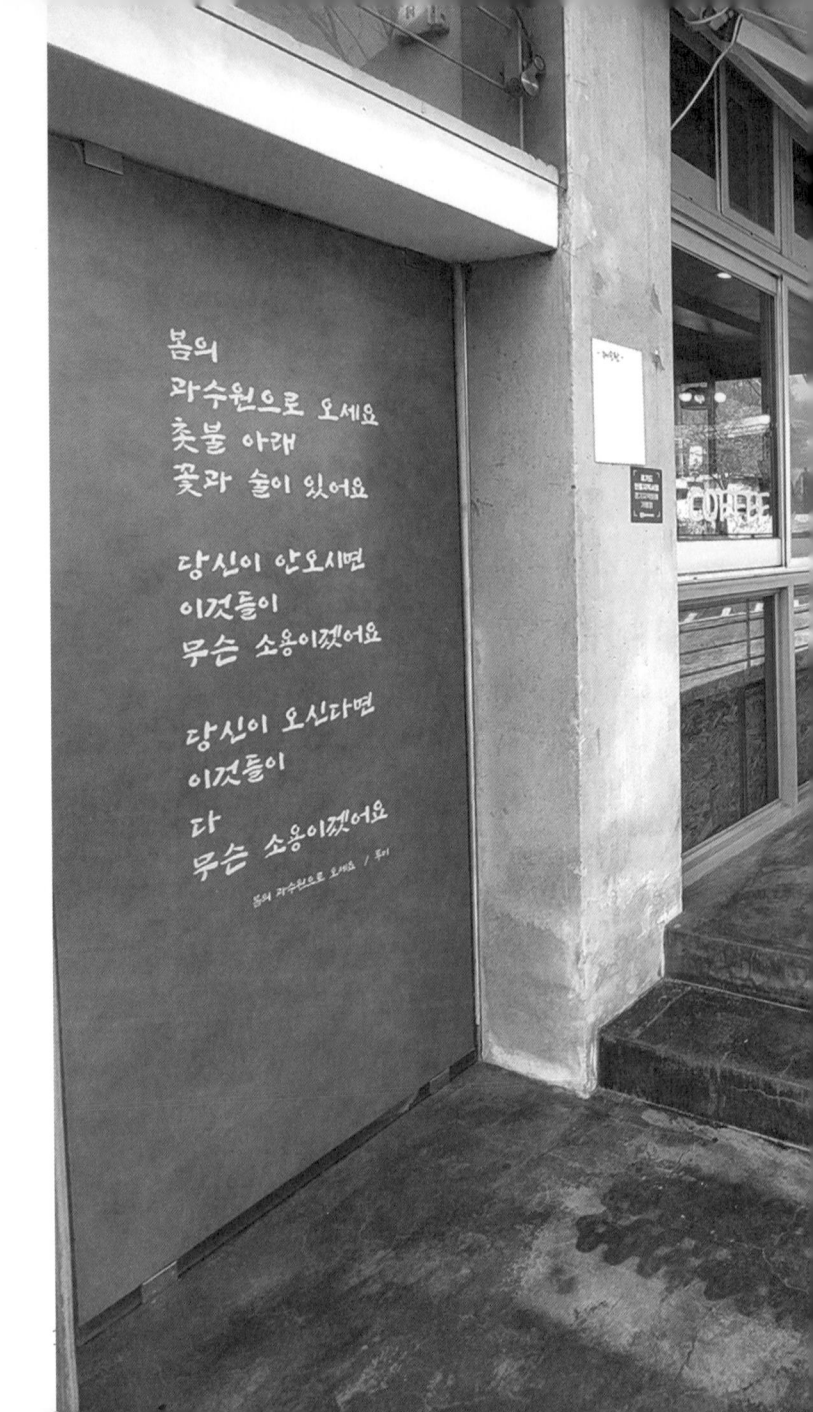

▼▼
정말
간절합니까

그림책 작가님이 한 분 계셨다. 우연히 만나 이런저런 이야기를 나누는데, 그분이 이런 말을 하셨다.

"저는 영업에는 소질이 없나 봐요. 책방이나 서점에 책을 팔러 가고 싶은데 너무 어려워요."

그럴 수 있겠다. 나는 영업 마인드가 없어요, 나는 그런 건 잘 하지 못해요, 그럴 수 있다. 그런데 그 말을 듣고 이런 생각이 들었다. 영업 마인드가 없는 게 아니라 그만큼 간절하지 않은 건 아닐까? 이 책 한 권 팔아 당장 우리 아기 분유를 사야만 하고, 밀린 월세를 내고, 저녁 반찬거리 사야 해도 그럴 수 있을까? 이 책 한 권 팔아 다음 책 준비도 해야 하고, 자료도 모아야 하고, 사람들을 만나 인터뷰도 해야 해서 돈이 필요하다면 그만큼 절실하지 않은 건 아닐까.

회사라는 조직에서 영업일을 16년 동안 했다. 해외 영업으로 많은 곳을 다녔고, 많은 사람을 만났고, 많은 이들과 상담과 협상을 해보았다. 그동안 깨달은 것이 있다면 경험은 중요하고 어느 정도 도움은 되지만 간절함만큼은 따라갈 수 없다는 점이다.

회사 일에서 영업이란 회사를 위해 내가 할 수 있는 일을 하는 것이고, 결과와 상관없이 급여를 받는다. 욕도 자주 먹는다. 그러나 간절함만큼은 아니다. 내 가족이 힘들어하거나 당장 먹을 게 없어서 배가 고프게 하지는 않는다. 그래서 직장인들은 대부분 그만큼, 딱 거기까지만 한다. 임원들은 그 정도까지밖에 안 되냐고 하지만 정작 본인들도 업무 담당일 때는 거기까지만 했다. 조금 더 열심히, 아니면 조금 더 회사에서 시간을 더 보냈을 수는 있겠다. 임원들은 대부분 이 말을 인정하지 않을 것이다. 내가 얼마나 회사에 충성을 다 했는지 열변을 토할 것이다. 그런 분이라면 죄송하고, 적어도 내 경험상 그렇다는 말이다.

꼭 해야 하는 거라면 물러서지 말아야 한다. 내가 이 책을 팔아야 한다면 무조건 들이밀고 봐야 한다. 최소한 들이밀어 받아주면 고맙고, 받아주지 않으면 그만이다. 시도조차 하지 않으면 돌아오는 건 아무것도 없다. 저 사람이 어떻게 생각할지는 고민조차 할 필요도 없다. 저 사람도 먹고살기에 바쁜 사람이다. 자기에게 이익이 되는지 안 되는지, 이 책을 사서 팔면 내가 돈을 벌 수 있는지 그렇지 않은지만 생각한다. 서로 같은 입장이다.

상대방에게 내 물건을 소개하는 것보다 더 중요한 것은 상대방의 관심사를 알아주는 것이다. 당장 물건만 팔고 끝나는 관계가 아니라 사람 관계를 형성해야 오래 간다. 당장 성사되는 것이 없더라도 나중을 기약할 수 있다. 상대방이 퇴사하고 자기 사업을 할 수도 있다. 그럴 경우 좋은 인상으로 남은 사람은 다시 기억하기 마련이며, 장담하건대 반드시 연락이 온다. 장사는 대부분 그렇게 자리를 잡아가는 경우가 많다.

나이가 들면 성격이 바뀌고, 성향이 바뀌고, 좋아하는 노래 취향도 바뀐다. 사람을 만나는 스타일도 달라지고, 모든 게 변한다. 원래부터 그런 건 없다. 나는 영업 못해요? 그렇지 않다. 다 할 수 있다. 하지 않을 뿐이다. 굳이 해야 하나, 라는 생각 때문에 그런 것이다. 간절함이 아직 나를 뚫고 나오지 못한 것뿐이다. 이런 간절함이 나를 이기고 나온 사람만이 장사든 사업이든 다 잘한다. 내 경험으로 볼 때 거의 그렇다.

저 사람은 어쩜 저렇게 영업을 잘할까? 이런 생각은 할 수 있지만 딱히 방법이 특출난 건 아닐 것이다. 나도 그랬고, 주변에서 본 많은 사람들이 그랬다. 못해본 건 배우면 되고, 해보지 않은 것은 시도해보면 된다. 간절함이 없으니 핑곗거리를 찾는 것이다.

  간절함을 몸에 익히고, 머릿속에 간절함을 각인시키자. 책 한 권을 팔아 내 생명줄을 연장한다는 마음가짐을 가져야 한다. 나도 매일 노력 중이다. 간절함을 이길 수 있는 것은 없다.

▼▼
고마워요,
지민 그리고 아미들

여느 날과 다르지 않은 일요일 아침이었다.

오후에 타 도시에서 열리는 강연을 들으러 일찍 책방 문을 열어두고 버스를 타고 나가려던 참이었다. 책방에 도착하니 묘한 기운이 느껴졌다. 헤이리 8번 게이트. 하루에도 평균 10명이 채 지나다니지 않는 곳인데 이상하다. 이 느낌은 뭘까?

건너편 촬영 스튜디오 주차장 입구 쪽에 사람들이 몰려 있고, 스튜디오 입구 쪽에도 옹기종기 모여 있다. 지금은 일요일 아침 9시 40분이다.

'무언가 이상한데.'

사람은 참 본능적이라 묘한 기운을 느끼면 촉이 민감해지는 법이다. 곧바로 헤이리 지인들에게 사람들이 모여 있는 사진과 문자 한 통을 남겼다.

'분위기 이상함. 다들 책방으로 모여주기 바람.'

책방 문을 열자마자 손님들이 몰려온다.

"열었나요? 커피 돼요?"

"네. 됩니다. 오늘 무슨 일 있어요?"

"지민이 와요."

"지민이요? 지민이가 누군데요?"

"방탄소년단 지민이요!"

나를 째려보는 눈빛. 저 외계인은 누군가 하는 눈빛이다.

"아, 지민이요!"

사실 잘 모른다. 미안하다. 아미 여러분 죄송해요. 여러분도 나이 50 되면 잘 모르실 거예요. 그래도 방탄소년단은 알아요, 진짜로!

건널목을 건너 또 손님들이 온다. 자리를 차지하고 앉는다. 또 들어온다. 이거 뭐야? 이상한데.

그날 이 작은 책방 안에는 약 500여 명의 인원이 지속적으로 앉아 음료를 마시고, 일어나서 나가고, 그다음 손님이 들어왔다가 음료를 시키고, 테이크아웃해서 밖에서 마시고, 화장실을 사용하고 또 들어왔다. 점심시간에는 먹을 게 되는지 물었고, 책방에서 메뉴로 팔던 모든 크루아상을 비웠고. 부랴부랴 준비해둔 컵라면도 다 동났으며, 공수해 온 빵들도 모두 소진했다. 보통 커피 원두 1킬로그램이면 거의 2주 동안 파는 양인데 세 봉지나 뜯어야 하는 일이 일어났다. 인근 할인 마트와 편의점의 우유를 모두 쓸어 담는, 말도 안 되는 일이 벌어졌다.

일본, 미국, 멕시코, 유럽, 중국, 대만을 비롯해 각국의 아미들이 대거 책방에 포진해, 각자의 언어로 지민이를 노래하고 지민이를 기다렸다. 심지어 자리가 없는데도 함께 합석하며 다른 나라 언어로 지민이 이야기를 나누는 것을 보고 이것은 진정한 세계평화가 아닌가 여겨질 정도였다.

테이블 위에 책들은 모두 치워지고, 그곳은 세계평화를 염원하는 지민의 팬들을 위한 간이 탁자로 바뀌었다. 그들은 모두 하나같이 서로 핸드폰을 하면서 지민이가 스튜디오에 들어가고 나오는 시간을 공유했다.

아침 9시 전에 시작된 그들의 행렬은 밤 10시경, 갑자기 환호성과 고함이 들리더니, 검정 밴이 스튜디오 주차장에서 빠져나와 책방 앞으로 돌아 나가면서 끝났다. 그리고 그 밤, 집에 돌아가려는 수백 명의 인파와, 그중에 누군가를 기다리는 사람들, 택

시를 불러야 하는 사람들, 그리고 인근에서 호텔을 잡아 두었는데 택시가 오지 않아 기다리는 외국 팬들까지, 마지막 하나라도 불태웠다. 그렇게 밤 10시 반경 다시 쥐죽은 듯 조용한 헤이리로 돌아왔다.

책방지기 4년차에 그날 하루 매출이 월세를 뛰어넘는 놀라운 일이 일어났고, 그날 새벽에 함께 고생한 지인들과 옆집 식당 주인 분과 매니저님과 야식을 시켜두고 새벽 3시까지 하루를 즐겼다. 모두 다 오랜만에 환하게 웃었고, 나와 아내는 기뻐 어쩔 줄 몰랐다. 탄이만 피곤해서 거의 기절해 누워 있었을 뿐.

살다 보면 이런 일이 생긴다. 이건 책방이어서 생긴 것도 아니다. 어쩌다 보니 지민이가 근처에 방송 녹화 촬영을 위해 왔고, 어쩌다 보니 근처에 문 연 카페가 우리밖에 없었고, 어쩌다 보니 그 카페가 우리 책방이었다.

그러나 내가 그날 강연이 없어서 평소처럼 정오가 다 되어 문을 열었다면 40여만 원 정도의 매출을 날려버렸을 테고, 둘이 이 모든 음료를 만들고 치우고 정리했다면 엄두도 못 낼 일이었다.

너무나 고맙게도 지인들은 버선발로 달려왔고, 바깥에 손님들이 앉을 수 있도록 자리를 만들어주었고, 끊임없이 밀려드는 설거지를 한마디 투정도 없이 모두 처리해주었으며, 40여 미터의 화장실 줄을 뚫고 들어가 화장실 쓰레기통을 치우고, 바닥을 정리하는 용단을 내려주었다. 200미터가 넘는 편의점에 뛰어가 부족한 잔돈을 바꿔다 주었고, 하루종일 혼자 있는 탄이를 위해 밥을 먹이고 바깥 용변까지 보게 해준 그들이 아니었다면 기대도 하지 못했을 일이었다.

도대체 장사가 무엇인지 아주 진지하게 생각한 하루였다. 몸은 몹시 피곤한데 묘하게도 기분이 아주 좋았다. 심지어 일을 도와준 식구들 모두 들떴고, 웃음이 터졌고, 함께 이야기를 나누면서 행복해했다.

겨우 4년이지만 책방 운영 이래 이렇게 놀랍고 경이로운 추억을 갖게 된 것은 처음이자 마지막일지도 모른다. 지민이가 또 온다면 모르겠지만 말이다. 책방을 하지 않았다면, 이 헤이리마을까지 들어오지 않았다면?

책방을 하면서 참 많은 일을 겪어 보았지만 이런 일은 두어 번 더 경험해도 좋을 듯하다. 장사는 결국 돈을 벌어야 하는 일이다. 손님이 만족하고 가는 일, 그리고 그들이 책방을, 가게를, 업장을 기억해주는 일이 아닐까.

다음 날 블로그에 아미 중 한 분이 이런 댓글을 남겼다.

'추운 날, 아미들을 보살펴주셔서 감사합니다.'

그런 책방을 만들어야겠다. 누군가에게 도움이 되는 책방, 누군가에게 따뜻함이 되는 그런 공간, 그 공간을 오랫동안 이어나가는 주인. 그래야겠고, 그렇게 살아야겠다.

▼▼
도서전
참가하기

돈 버는 일은 참 다양하다. 적게 벌 수도 있고 많이 벌 수도 있다. 중요한 건 실행하는 것이다. 실행해봐야 경험이 쌓이고 그 경험으로 노하우가 축적된다. 도서전 참가도 그중 하나다. '서울국제도서전'은 국내에서 열리는 책 관련 행사 중 가장 큰 규모다. 그만큼 많은 이들이 몰려든다는 이야기.

미리 준비해서 참가하자. 참가 자체로도 큰 경험이고, 책방을 알리는 데도 도움이 된다. 매년 연초에 참가 신청을 받으니 미리 일정을 체크할 것을 추천한다. 그리고 어떤 단체에서 부스를 지원해준다면 서둘러 신청하는 것이 좋다. 일반 부스 매대는 한 칸당 200만 원이다. 가로세로 각각 3미터 수준이다. 일찍 신청하면 10퍼센트 할인해준다.

부스 참가는 두 가지 의미가 있다. 하나는 내 책방을 알리는 도구가 된다. 그만큼 많은 사람들이 다녀가니 홍보 효과가 있다. 다만 부스만 차려두고 그만그만한 현수막에 남들 따라 하는 수준의 광고로는 큰 효과를 기대하긴 어렵다. 적어도 공룡 탈을 쓰고 미친 듯이 울부짖으면서 홍보한다거나 실제로 공룡을 데리고 오는 수준의 홍보 방법을 고안하는 것이 좋다. 공룡이 입장할 수 있는지는 문의해보라. 또 하나의 효과는 도서전 동안 실제 판매에 따른 매출이다. 실제로 서울국제도서전은 대부분 일정 이상의 매출이 발생한다. 좋은 기회다.

다만 마진 부분은 꼭 짚고 넘어가야 한다. 책 마진을 20퍼센트로 잡고, 2천만 원을 팔면 400만 원이 이익인데, 부스 비용 200만 원을 빼면 도서전 5일 동안 고생하고 200만 원을 가져간다는 것을 반드시 인지해야 한다. 근처에서 숙박해야 한다면 숙박비도 포함해야 한다. 매일 코엑스를 차로 다녀야 한다면 주차비도 고려해야 한다. 코엑스는 주차비가 지옥 수준이다. 그래서 좋은 방법은 부스를 지원받아 가는 것으로, 부스비를 지출하지 않아야 한다. 2023년 서울국제도서전에 경기콘텐츠진흥원에서 진행하는 출판사와 책방의 참가 지원 사업이 있었다. 부스를 지원해준다. 물론 위치는 메인 홀이 아닌, 행사 매장과 독립출판물 매대, 강연장 등의 부속 홀이지만 나쁘지 않다. 들어가는 비용이 없으니 파는 족족 내 돈이지 않은가.

지원받아 부스를 냈든 직접 부스비를 냈든 참가 준비가 끝났다. 이제 무엇을 팔지 고민하자. 우리는 책방이다. 책방의 책은 주인이 고른다. 그런데 결국 내가 쓴 책이 아니라면 누군가의 책이다. 다른 책방에서 같은 책을 가지고 나올 수도 있다. 그래서 아이디어가 필요하다. 기념일 책, 생일 책과 같은 블라인드 북도 아이디어다. 실제로 나도 책방에 기념일 책이 있다. 날짜가 적혀있는 선물용 박스 안에 같은 날짜의 초판 인쇄된 책이 들어있다. 다양한 굿즈도 함께.

예쁘게 포장하고 책의 문구를 적어 파는 경우도 있다. 젊은 친구들은 이런 책 포장을 좋아한다. 예쁘니까 선물하기도 좋고, 그 문장을 예상하면서 어떤 책이 들어있을지 상상하는 것만으로도 구매 욕구가 우러난다. 다만 포장에 상당한 시간과 인력이 필요하다는 점은 명심하자.

책을 준비했다면, 그것으로 끝이 아니다. 책과 관련된 아이템이 있어야 좋다. 책 축제이지만 사람들은 다양한 것에 관심이 많다. 이번엔 내가 도서전에 준비한 것이 있다. 일종의 북 커버인데. 생맥주잔과 아이스 카페라테 잔을 형상화했다. 맥주잔 손잡이는 책갈피 역할을 하고, 아이스 카페라테는 빨대가 책갈피다. 놀라운 아이디어라고 다들 감탄했다. 감탄하고 구매하는 건 별개의 문제이지만, 내 아이디어가 먹힌 것이다.

마케팅이나 홍보 대행사에 가면 이런 아이템을 저렴하게 제작할 수 있다. 아이디어는 어디에나 있다. 그것을 만들어 팔아보려는 사람과 생각만 하는 사람의 차이다. 이번 도서전에 총 500장씩 들고 가서 거의 절반을 팔아치웠다. 뿌듯했다. 이 얼마나 기쁘지 아니한가 말이다. 더구나 마진율이 엄청나니.

한 장에 3천 원, 두 장에 5천 원. 대략 두 장 기준 300매 판매했다면 150만 원이다. 어떤가? 월세보다 많은 돈이다. 도서전에서만 파는 것도 아니다. 이제 아이디어는 있으니 추가 제작만 하면 된다. 종류를 더 늘려도 무방하다. 이렇게 아이템은 생겨난다. 어느 책 축제에 가도 이 아이템은 히트작이 될 것이라고 자부한다.

이번 서울국제도서전에서 또 진행한 것이 있다. 일명 '책방 창업 무료 컨설팅'이다. 몇몇 분은 유료로 전환하라는 조언을 아끼지 않았지만 나는 무료가 옳다고 생각했다. 이건 엄청난 영업 기밀을 누출하는 것이 아닌 책방 창업이기 때문이다. 우리는 책방으로 먹고살 걱정을 덜자는 것이지, 책방을 해서 건물을 올리자는 것이 아니기 때문이다.

책방을 하고 싶은 이유는 각양각색이겠지만, 대부분 하나로 통한다. 책을 통해 일상을 영위하고 책과 함께 생활하고자 한다는 것. 그래서 약 한 시간 동안 오신 분들과 이야기를 나누었다. 오신 분들의 열정도 열정이지만, 준비하는 과정과 세부적인 내용까지 함께 이야기를 나누고, 그분들이 동네에서 책방을 열 수 있는 용기를 드렸다. 이 멀리까지 온 이유는 단순하다. 책방을 하고 싶은데 용기가 부족하거나 책방을 해도 살아남을 수 있는지 궁금했기 때문이다.

영종도에서 오신 커플은 영종도에서 책방을 열고 싶고, 음료를 함께 하고 싶어 했다. 너무나 좋겠다고 했다. 영종도라면, 능력이 되신다면 아예 땅을 사서 책방을 지어보면 어떨까 말씀드렸다. 너무 예쁘지 않을까 싶었다.

창원에서 오신 분도 계셨다. 창원 번화가에 이미 책방이 몇 곳 들어와 있지만 그래도 책방을 하고 싶단다. 그리고 먹을 것을 너무 좋아하고, 세계여행을 가는 게 꿈이란다. 그런 분이라면 책방을 아예 비행기처럼 인테리어를 하면 어떨까? 항공 티켓처럼 생긴 쿠폰도 발급하고, 이번 달은 이탈리아 빵 특집으로 로마에 가는 항공권을 발급하면 어떨까? 이탈리아 요리책과 와인 책들이 있으면 근사하지 않을까.

용인에서 오신 커플도 계셨다. 책방을 하고 싶다고 하셨는데, 남편분이 이런 말씀을 하셨다.

"아내가 좀 많이 아픕니다. 하고 싶은 거 하게 해주고 싶어서요. 책방이 하고 싶다고 하네요."

더 자세한 이야기는 묻지 못했지만, 정말 책방을 하셨으면 좋겠다고 말씀드렸다. 그렇게 어렵지 않다는 말씀. 해보면 나름 재미있다는 이야기. 기대합니다. 꼭 책방 여시고, 꼭 불러주세요.

동두천에서, 산본에서, 서울에서, 각지에서 각자의 인생대로 그 과정에서 책방을 하고 싶어 한다. 그분들이 내일이든 내년이

든 그 동네에서 책방을 열고. 그 책방으로 동네 사람 누군가는 책을 통해 인생에 전환점을 가지게 될 것이다. 본인들이 인지하지 못할 뿐 분명히 그럴 것이다. 그렇게 인생의 전환점을 거쳐 행복이라는 여정을 걸을 것이다.

서울국제도서전에서 아이디어를 시험하고, 창업 컨설팅을 하면서 누군가에게 도움을 주고, 내 아이디어를 시험하고, 내가 쓴 책과 내가 출판한 책을 파는 재미까지 누렸다. 덤으로 강남의 맛집에서 모처럼 좋은 음식과 술을 누리는 호사를 누렸다. 이 얼마나 행복한가.

서울국제도서전 이외에도 우리나라 방방곡곡에서 다양한 책 잔치가 열리고 있고 열릴 예정이다. 모든 곳을 다 찾아다닐 수는 없겠지만, 몇 군데라도 돌아다니면 인생이 커지고 경험이 확장되며 인간관계가 급속도로 불어난다. 돈으로 환산할 수 없는 것들이 생긴다. 그래서 나는 하반기에 책 잔치를 검색해서 참가 신청을 하고, 떨어지면 다른 데에 또 신청하고, 운 좋게 불러주면 가서 또 열심히 북 커버와 내 책을 팔고, 누군가에게 창업 조언을 해줄 것이다.

조만간 파주 헤이리마을에 쑥딴스 북카페 주인장은 책방 창업을 해주는 사람으로 알려질 것이고, 내가 만든 북 커버 생맥주와 아이스 카페라테 버전은 어디서도 구하기 힘든 아이템이 되어 있지 않을까.

그러니 꼭 크고 작은 모든 북페어에 참가 신청을 해보시기 바란다. 화이팅이다!

▼▼
지게차 배우는 주인이
책을 팔고 있습니다

볕은 좋고, 오늘은 지게차 실기 배우는 날이다. 50살이 다 되어 지게차를 배울 줄이야. 팔레트에 타이어를 올리고, 이쪽저쪽으로 옮겨보고. 생각보다 쉽네. 그리고 잠시 쉬며 담배를 꺼내는 때 울리는 핸드폰. 신문사? 쏠딴스 북카페를 소개해달란다. 뭔 일이야, 우리 책방을? 딱히 소개할 것도 없고 마침 지게차를 배우는 책방 주인한테 책방 소개라니.

"여기 책방인가요?"

지나가다 가끔 손님들이 물어보긴 한다. 그렇다고 하면 놀라고, 더러는 반가워하고, 놀란 듯 황급히 나가는 이들도 있다. 그래도 책방을 하면서 좋은 건 손님이 알아서 정리된다는 것이다. 좋게 말하면 '진상'은 아예 오지 않는다. 물론 개념 떨어진 손님이 가끔 오긴 한다. 마시던 음료를 새 책 위에 아무런 생각 없이 올려둔다든지, 새 책인데 본인 책인 양 뒤적거린다든지. 그렇다고 그러지 말라는 말을 차마 꺼내지 못한다.

"어머, 탄이 아니야!"

우리 책방에는 큰 강아지가 한 마리 있다. 헤이리를 산책하면

거의 다 알아본다. 자기 이름을 부르는 줄 알고 냉큼 달려가서 배를 깔며 만져달란다. 그러면 사람들은 귀엽다고 난리다. 탄이 너도 참 대단하다. 책방 안에서는 밖에 누군가 지나가면 엄청 짖는다. 들어오라는 소리인지 내가 편히 쉬는 중이니 모른 채 지나가라는 건지? 탄이만 알겠지. 그래도 이제 4살이 지나 텐션 좋고 체력도 좋은 청년 강아지다. 아프지만 말아라. 사람이나 강아지나 아프면 서로 힘들어.

BTS 지민이 북카페 앞 스튜디오에 다녀간 날은 책방에서 세계 평화를 이루었다. 테이블 4개에 의자가 10개도 되지 않는 책방 안에 40여 명이 모여 앉았다. 미국, 중국, 홍콩, 대만, 멕시코, 우루과이, 일본, 세계 각국에서 지민을 본다고 와서, 길 건너 우리 책방에 앉아 있었다. 이들에게 주문받고 챙기느라 종일 밥 한 숟갈 들지 못했고, 아내는 급기야 눈 실핏줄이 터져 지금도 고생이다.

여보, 무섭게 노려보지 마세요. 그래도 책방 역사상 역대급 매출을 끊었으니까요.

책방을 하면서 이런 날이 더 올까? 꿈꾸지 말자, 손님 한 명만 와도 고마운 일 아닌가. 그러니 더 아프지 말자.

'날도 좋은데 책방 뒤에서 고기나 한번 구워 먹자. 목련 지기 전에.'

증권회사에 다니는 친구에게서 문자가 왔다. 그래. 돈 버느라 고생 많으니 고기는 네가 사와. 책방 뒤편이야 새와 동네 고양이들 놀이터이니 언제라도 환영이다. 어느 고기인들 문제인가. 막걸리에 목련잎 담가 고기 구워서 한잔하자. 친구야, 요즘 많이 힘들지. 그래도 연봉 1억 넘은 네가 힘들면 책방 주인은 다 죽어야 한단다.

누가 누구를 위로하는지 모르겠다. 그래도 봄볕은 따듯하고, 탄이는 꾸벅꾸벅 졸고, 나도 헤밍웨이를 읽다가 곁에 둔 채 같이 꾸벅꾸벅 존다. 아내는 지민이 또 올지 모른다고 혼자 열심히 무언가를 주문하고 있다. 또 오지 않을 것 같으니 무리하지 말라고 말하고 싶은데 내버려 둔다. 실핏줄 터진 눈이 나를 노려보고 있으니. 그래. 책방이지. 맞아. 나 책방 주인이었어. 오늘도 책 팔아야지. 그러다 또 안 팔리면 뭐 어때, 김치 쪼가리에 막걸리나 한잔해야지.

문 열리는 소리. 손님이다!
"저기 죄송한데, 여기 원래 있던 식당은 어디로 갔어요?"
그럼 그렇지.
"헤이리 안쪽으로 이전했어요."
다정한 커플이 나가면서 한마디 나눈다.
"여기 책방인가 봐."
멀어지는 손님을 보며 속으로 되뇐다.
'맞아요. 여기 책방입니다. 주인장이 방금 지게차 배우고 와서 책을 파는 곳입니다.'
돈 걱정 없이 책방으로 먹고사는 법을 지금도 배우고, 그래서 지게차까지 익히고, 매일 깨닫는 일이 일상인 쑬딴스 북카페다.

(이 글은 2023년 4월 15일 《한겨레신문》 서점 소개에 실렸다.)

● 나가며 ●

"그래서 책방으로 성공하셨어요?"

이렇게 물어보는 분들이 있다.

"아닙니다."

"책방을 해서 행복하세요?"

이런 질문을 받으면 단숨에 대답한다.

"네. 행복합니다."

거짓말 같겠지만 책방으로 떼돈 벌고 싶은 생각은 없다. 사실 그렇게 벌 수도 없겠지만 만족하고 살 수는 있다. 가만히 생각해보면 우리의 목표는 돈이 아니라 내 삶의 주인이 되는 것이다. 적어도 나는 그렇다.

이 책을 쓴 목적은 단순하다. 책방을 하고 싶은 사람을 책방을 할 수 있게 도와주려는 마음에서다. 그리고 동네마다 책방이 하나 정도는 있었으면 하는 바람이다. 그들이 만족하며 책방을 운영할 수 있었으면 한다. 그것이 다.

"그래서 책방 해보니 할 만합니다. 행복하네요."

이 책을 읽고 그중 단 한 사람이라도 이렇게 말한다면 더 바랄 나위가 없다. 남의 인생에 관여하고 싶은 생각은 전혀 없지만, 내 경험을 바탕으로 누군가를 도울 수 있다면 그것도 의미 있는 삶일 수 있겠다 싶다. 그래서 솔직한 이야기만 적어 보았다. 그 사람이 누구라도 도움이 되기를 바라면서.

　헤이리의 겨울은 몹시 춥다. 월세를 아끼려고 인적도 드문 곳으로 책방을 이전하고 누가 여기까지 올까 싶지만 신기하게도 손님은 온다. 차를 타고, 자전거를 타고, 더러는 대중교통으로 궂은 날씨와 추위를 뚫고 여기까지 온다. 책을 보러 오든, 우리 강아지 탄이를 보러 오든, 멀리서 책방을 하고 싶다고 오든 나는 내 경험을 공유하면서 산다. 그리고 따뜻한 커피 한 잔 나눌 수 있으면 좋겠다.
　월 천만 원 책방은 꿈이 아니지만 유지하기는 쉽지 않다. 그러나 우리가 다른 일을 하더라도 인생에서 쉬운 일은 하나도 없다. 모든 일이 그렇다. 그래서 저마다 자기 인생을 일정하게 유지하기 위해 끊임없이 노력해야 하고 꾸준하게 일관되게 밀고 나가야 한다. 나는 계속 그렇게 살 것이다.

  책을 읽고 나도 한번 책방 해보고 싶은데 아직도 망설인다면 쑬딴스 북카페로 오시면 된다. 자주 자리를 비우기는 하지만, 헤이리를 산책할 겸 놀러 와서 책방 하고 싶어서 찾아왔다고 말씀해주시면 된다. 함께 이야기해보면 방법을 찾을 수도 있겠다. 실제로 그렇게 다녀가신 분들이 꽤 된다. 그리고 다들 잘살고 계신다.

  어차피 인생은 한 번뿐이고, 한 번이라도 후회하지 않고 살아보고 싶다면 언제든 환영한다. 역시나 건투를 빈다. 《그리스인 조르바》를 쓴 니코스 카잔차키스의 묘비명에 적힌 글로 마무리를 남긴다.

  나는 아무것도 두렵지 않다.
  나는 아무것도 바라지 않는다.
  나는 자유다.

*목차에 없는 쑬딴스 북카페 영업비밀

여기까지 읽었다면 고생하셨다.
읽은 내용 중에 단 한 줄이라도 마음에 남았다면 다행이고,
그마저도 없었다면 내 탓이다.
그래서 마지막까지 읽은 분들을 위해 목차에
담지 않은 영업비밀을 털어놓을까 한다.
눈여겨보고 따라 할지 말지 결정하면 좋겠다.

1
책

북센, 교보문고 등에서 주로 구매하는데, 책마다 공급률이 다르니 반드시 확인하는 게 좋다. 사업자등록증에는 서적으로 나오니, 영업 신고하고 북센과 교보문고에 소매점으로 등록하면 된다. 최근 도서 도매에 뛰어든 업체들도 있으니 다양한 책을 갖추고 싶다면 연락해서 소매점으로 등록하라.

가끔 일반 유통에 나오지 않은 책들을 구매 요청하는 손님들이 계신다. 그럴 때는 출판사에 직접 연락하면 생각보다 쉽게 구할 수 있다. 절판이라면 알라딘 온라인 중고 매장에 거의 다 있고, 그마저도 없으면 책방 네트워크에 가입해서 책방 주인들에게 문의하면 구해진다. 책방을 오픈한 후 동네책방 네크워크에 가입할 것을 추천한다. 도움받을 게 많다.

독립 서적을 하고 싶은 분들은 직접 작가에게 연락하는 것이 가장 좋고, 매입하지 말고 위탁판매로 공급률을 서로 정해 운영하는 것이 좋다. 독립 서적은 생각보다 판매되지 않는 경우가 많고 재고 처리가 쉽지 않다. 위탁 판매해서 시기에 맞춰 정산해주고, 나중에 재고가 많아진다면 반품하는 것이 좋다.

책에 자신 있다면 과감하게 입고해서 손님들에게 소개해 팔고, 자신 없으면 마구 들이지 말고 주문받는 것을 추천한다. 교보문고에서는 도매가로 매입해도 책마다 다른 주소로 바로 발송할 수 있다.

2
굿즈

책 관련 굿즈가 생각보다 다양하지 않지만 찾아보면 많다. 내 책방과 어울리는지, 가격은 적당한지, 손님들에게 소개할 수 있을지 고민해서 정하면 좋다. 요즘은 해외 직구 플랫폼 상품의 질이 매우 좋아지는 추세다. 가격도 한국보다 월등하게 저렴하다. 하지만 상품을 잘 선택해야 하고, 배송 기간이 일정하지 않다는 것을 고려해야 한다.

책갈피 등은 기본이고, 수제 노트, 필기구 등은 언제나 인기 있는 아이템이기는 하지만 손님들이 구매하는지는 전혀 다른 문제다. 쑬딴스 북카페에는 수제 노트를 구비하는데, 직접 한 땀 한 땀 수작업으로 만들어 단가가 높다. 제작자에게 받아 위탁 판매하고 수수료만 받는다. 자주 찾지는 않더라도 수제 노트를 좋아하는 분들은 그것만 찾는다. 선물용으로 인기가 있다.

날씨가 더워져 인사동 도매상에서 부채를 떼 와서 직접 글을 쓰거나 부채에 그림을 그려 책방에 두었다. 부채 도매가는 1,300원 정도. 글씨나 그림을 그려 5천 원 정도에 판다. 이런 잡기가 가능하다면 해볼 만하고, 그런 솜씨나 적성에 맞지 않으면 패스하는 것이 좋다. 단, 누군가에게 작업을 의뢰하는 것은 비추. 인건비가 더 들어가고, 마음에 들지 않으면 더 골치 아프다. 특히 지인들에게 부탁할 때는 신중하고 또 신중해야 한다.

3
중고책

책방 손님들 중에는 생각보다 새책도 편하게 다루는 분들이 많다. 일일이 그러지 말라고 하기도 쉽지 않고, 생각보다 책을 조심조심 다루는 경우도 많지 않다. "이 책은 읽어도 되나요?"라고 묻는 분들도 있다. 그래서 중고책을 두는 것도 추천한다. 편하게 읽고, 편하게 두고 가도록 하는 것도 방법이다. 굳이 밑줄이 그어져 있거나 낙서가 되어 있는 중고책을 사는 분도 의외로 많다. 쑬딴스 북카페는 중고책은 정가의 60퍼센트로 파는데, 꽤

쏠쏠하다.

중고책은 내가 읽고 재미있었거나 추천할 만한 책으로 구비하고, 손님들에게 자연스럽게 책 이야기를 이끌 수 있는 책이 좋다. 중고책은 굳이 널리 알려진 베스트셀러보다는 책방 주인의 취향이 잘 묻어나는 책을 추천한다. 나눌 이야기도 많아지고, 특히 취향이 비슷한 손님이 왔을 때는 단골이 될 확률이 아주 높아진다.

4
음료

책과 음료도 책방에서 함께 하고 싶다면 개인적으로 추천한다. 책 매출과 음료 매출이 같이 발생하기 때문이다. 책을 읽으면서 음료 주문이 자연스럽게 이루어지고, 생각보다 책은 읽지 않고 음료만 마시는 손님도 많다. 특히 커피!

메뉴 선정은 기본적으로 내가 잘할 수 있는 메뉴로 시작해서 하나씩 늘려가는 것을 추천한다. 커피는 1순위. 더울 때는 아이스 아메리카노로, 추워도 많이 나간다. 단가는 인근 카페와 비교해서 적당하게 정하되, 마진만 생각해서 너무 값싼 커피콩을 들이면 손님들은 금방 알아차린다. 요즘 사람들은 커피 맛 귀신이다. 조금 비싸도 좋은 콩으로 커피 맛은 확실하게 보장하는 것이 좋다. 책은 보지 않아도 "커피 맛 좋네요." 하면서 다시 올 확률이 높다. 바리스타 자격증까지 취득할 필요는 없다. 와인 매장에서 모든 직원이 소믈리에 자격증을 가지지 않는 것과 마찬가지다. 손님들은 주로 더우면 시원한 음료를, 추우면 따뜻한 음료를 찾는다. 적절하게 메뉴를 선정해서 계절에 맞게 잘 활용하는 것이 최고다. 그렇다고 너무 많은 메뉴를 하지 말 것. 관리하기도 어렵고, 재료가 많아지면 그만큼 손도 많이 간다. 더구나 맛 보장이 쉽지 않으므로 신중하게 판단하길.

5
주류도 하고 싶다면

사업자를 낼 때, 일반음식점으로 내고 주류 유통회사를 찾으면 된다. 누구나 알고 있는 술은 그만그만한 가격으로 그만그만한 업체에서 모두 다루고 있으니 너무 재지 말고 신뢰 가는 영업사원이라면 진행해도 무방하다. 다만, 구하기 어려운 술이나 대중적으로 알려지지 않았지만 아주 좋아하는 술이라면 전문 유통업체를 찾아 적극적으로 구애하는 것이 좋다. 가격 면에서 더 싸게 받을 수도 있고, 그 술에 따라오는 판촉물도 받을 수 있어서 장점으로 활용할 수 있다.

직접 가져다주거나 택배 발송하기도 하므로 박스 단위로 계산해서 충분히 소화할 수 있을지 가늠해보고 주문하는 것을 추천한다. 단, 막걸리는 양조장별로 주문해야 하므로 판매와 재고 수량을 잘 파악해야 한다. 그렇지 않으면 재고는 다 마셔서 없애야 할 경우가 다반사다. 특히 막걸리는 유통기한이 길어야 한 달 정도이기 때문에 특히나 조심해야 한다. 유통기한이 지난 막걸리를 판매할 경우 적발되면 과태료와 영업정지 처분이 있으니 조심 또 조심! 공무원이 단속 나와 걸리는 것이 아니라 손님이 보고 신고하는 경우가 대부분으로, 그런 민원이 발생할 때는 빠져나갈 수 없으니 반드시 주의할 것.

6
그 외 메뉴

쑬딴스 북카페에는 소시지, 약과, 빵, 쿠키, 파운드 케이크 등 괜찮겠다 싶은 건 다 가져와서 해본다. 먹을 것은 특히 유통기한을

넘기지 않도록 관리하고, 냉동 및 냉장 보관 등이 필요한 것은 반드시 관리를 철저하게 한다. 우리나라 위생법상 먹을 것으로 민원이 들어오면 과태료가 최소 700만 원으로, 영업정지까지 이를 수 있으니 관리에 자신 없으면 신중하게 선택해서 하는 것이 좋다.

가장 좋은 것은 기성품 중에 유통기한이 넉넉하고 누구나 안심하고 섭취할 수 있는 것을 싸게 매입해서 판매하는 것이다. 컵라면도 그중 하나다. 냉동 보관했다가 해동하면서 2차 가공할 수 있는 메뉴도 강추한다. 대형 마트에서 파는 반조리 식품이나 완제품이지만 해동 후 조리할 수 있다면 좋다. 생각보다 맛있는 메뉴가 많다.

7
뽑기

책방에 온 손님들이 일행들과 재미있게 즐길 수 있는 것이 있으면 좋다. 단, 너무 과한 사행성 행사나 들인 돈에 비해 턱없이 부족한 경품은 손님을 맥 빠지게 할 수 있다. 그들이 즐거운 추억을 가져갈 수 있게끔 한다는 생각이 중요하다. 쏠딴스 북카페의

1등 경품으로 배달 음식 상품권 8만 원까지 해본 적이 있다. 1등이 나오면 어떻게 하냐고? 박수를 치면서 바로 전달해준다. 내게는 아픔이지만 손님은 헤이리마을에서, 쏠딴스 북카페에서 잊을 수 없는 추억을 남길 수 있으니 괜찮다.

뽑기의 또 다른 장점은 재고를 처분하기 쉽다는 것이다. 책방에 묵혀둔 노트가 너무 많이 남았는데 책방에서 판매하기에는 쉽지 않았다. 그래서 뽑기 경품으로 올려 일주일 만에 다 처리했다. 두세 가지 다른 경품이 있어도 노트는 의외로 잘 가져가지만 제 가격을 내고 사는 것은 무척이나 신중해진다.

여기까지 영업비밀이다. 막상 적고 보니 비밀이랄 것도 없다. 그래도 비밀이다. 이 비밀은 경험에서 나온 것이고, 경험은 시간이 지나야만 축적될 수 있는 것이라서 그렇다. 스스로 경험하지 않으면 내 것이 되기 힘들다. 지나고 보면 언제나 그렇듯이 꾸준하게 일관적이면 어느 정도 자리를 잡는다.

책 한 권이지만, 이 책으로 아주 작은 변화라도 일어났으면 좋겠다. 그래서 대한민국 동네마다 책방 하나씩은 있었으면 하는 바람이다. 여러분이 그 바람에 동참하면 더할 나위 없겠다.

지금,

책방을 꿈꾸고 있다면

건투를 빈다.

**돈 걱정 없이
책 방 으 로
먹고사는 법**

1쇄 발행 2023년 8월 27일

지은이 : 쑬딴
펴낸이 : 김영경
펴낸 곳 : 쑬딴스북
출판등록 : 제2021-000088호(2021년 6월 22일)
주소 : 경기도 파주시 탄현면 헤이리마을길 82-91 B동 202호
이메일 : fuha22@naver.com
ISBN : 979-11-984168-0-3 03800

- 이 책은 저작권법에 따라 보호받는 저작물이므로
  무단 전재와 무단 복제를 금지하며,
  이 책의 전부 또는 일부를 이용하려면
  저작권자와 쑬딴스북의 동의를 받아야 합니다.
- 책값은 뒤표지에 있습니다.
- 잘못된 책은 구입하신 서점에서 바꿔 드립니다.